Walter Simon

Die Internet-Krake

Google, Amazon, Facebook, Apple, Microsoft

Die Deutsche Nationalbibliothek verzeichnet diese Publikation in der Deutschen Nationalbibliographie; detaillierte bibliografische Daten sind im Internet abrufbar unter: http://dnb.ddb.de

ISBN 9783738605006
2. Auflage 2023

Lektorat: Sarah Krenz, Hamburg
Cover und Coverbild: Jacqueline Domin, Bad Nauheim

Herstellung und Verlag: BoD – Books on Demand, Norderstedt

Im Text wurde zur besseren Lesbarkeit auf die Verwendung der weiblichen Formen verzichtet. Wir bitten um Verständnis.

Autor und ©:
Prof. Dr. Walter Simon, Mittelstrasse 19a, 61231 Bad Nauheim
Tel.: 06032 921360
E-Mail: prof.simon@online.de

INHALTSVERZEICHNIS

Was bedeutet die häufige Abkürzung „KI" in diesem Buch?

Die Informatik war ein großer in der Technikgeschichte. Dieser wurde durch einen buchstäblichen Quantensprung erweitert. Gemeint ist die „Künstliche Intelligenz" (**KI**). Vom Jahr 2000 an standen die digitaltechnischen Möglichkeiten zur Verfügung, um KI zu nutzen. Das Interesse am Thema und den Möglichkeiten wuchs.
Etwa um 2000 entstanden die vier großen digitalen Plattformen, Apple (1976), Amazon (1994), Google (1997, und Facebook (2004). Künstliche Intelligenz befand sich noch im Embryonalstadium. Von 2010 an drang die KI in das Geschäft der Plattformen ein. Sie wurde zur Funktionsvoraussetzung für die Angebote der Digitalkonzerne. Google optimiert mit Hilfe von KI dauernd seine Suchtechnologie. Unverständliche Suchanfragen werden verständlich aufbereitet. Mehr noch: Die Plattformen wurden zu Entwicklungszentren der KI, insbesondere Google. Es setzte das bis heute anhaltende exponentielle Wachstum der KI ein. Die Begriffe Computer- und/oder Informationstechniken konnten fortan mit dem der Künstlichen Intelligenz (KI) gleichgesetzt werden. KI war die sich aus der evolutionären Entwicklung der Computertechnik ergebende Fortsetzung.

Vieles ist bei den Plattformakteuren mit der KI verwoben oder nur durch KI erklärbar. Darum ist diese aus zwei Buchstaben bestehende Abkürzung sehr häufig in diesem Buch anzutreffen. Wer mehr über das Thema Künstliche Intelligenz wissen will, dem sei mein Buch „Künstliche Intelligenz – Das Wichtigste, was Du wissen musst" (ISBN 978-3-751-903373-8) empfohlen.

1. Zum Wesen und Wirken der digitalen Riesen

Die digitalen US-Riesen werden häufig mit dem Akronym GAFAM betitelt. Hierbei stehen G für Google, A für Amazon, F für Facebook, A für Apple und M für Microsoft. Gebräuchlich sind auch die Bezeichnungen „Big Five", „Big Tech" oder „Frightfull Five". Hierbei handelt es sich um oligopolistische Marktbeherrscher in Reinkultur. Ihre Macht ist weltumspannend und bezieht Wirtschaft und Gesellschaft in Gänze ein. Zwar unterscheiden sich ihre Geschäftsfelder, aber die digitale Überwachung von Nutzern und das Sammeln deren Daten zwecks Weiterverkauf an interessierte Unternehmen und Großorganisationen ist allen fünf gemeinsam.

Der namhafte deutsche Soziologe Max Weber hat den Begriff Macht als *„jede Chance, innerhalb einer sozialen Beziehung, den eigenen Willen auch gegen Widerstreben durchzusetzen,* definiert." Befolgen die Beherrschten den Willen des Machtträgers, entsteht aus der Macht die Herrschaft. Diese ist nach Weber nur dann legitim, wenn keine Manipulations- und Druckmittel eingesetzt werden. Das aber geschieht, wie es die Harvardprofessorin Shoshana Zuboff aufzeigt. Mit Lügen, Manipulationen, Lobbying und prall gefüllten Geldspeichern, mit Rechtsverstößen und Dank einer nicht mehr überschaubaren Komplexität übt das digitale Kartell von Google, Amazon, Apple und Facebook eine ungeheure Macht über Menschen, Wirtschaft und Gesellschaft aus. Ähnliches gab es bereits einmal in der Geschichte. Mit ihrem gewaltigen Straßennetzt schufen die Römer nicht nur infrastrukturelle Macht, sondern zugleich Informationsmacht. Informationen und Güter konnten dank dieses Netzes schneller und verlässlicher als je zuvor überbracht werden. Auch die Manipulationen der Firma Cambridge Analytica bei der Abstimmung zum Brexit und der Wahl von Donald Trump zum US-Präsidenten bezeugen die „instrumentelle Macht" des digitalen Quartetts. Eric Schmidt, der langjährige CEO von Google, bezeugt dieses:

„Wir sind überzeugt, dass Portale wie Google, Facebook, Amazon und Apple weitaus mächtiger sind, als die meisten Menschen ahnen. Ihre Macht beruht auf der Fähigkeit, exponentiell zu wachsen. Mit Ausnahme von biologischen Viren gibt es nichts, was sich mit derartiger Geschwindigkeit, Effizienz und Aggressivität ausbreitet wie diese Technologieplattformen und dies verleiht auch ihren Machern, Eigentümern und Nutzern neue Macht."[1]

Er muss es wissen. Die wirtschaftliche Größe der Genannten macht sie zu „Torwächtern", die den Zutritt in den Internetbereich kontrollieren. Sie entledigen sich potenzieller Konkurrenten durch Aufkauf oder „Vernichtung". Sie verfügen über einen Großteil der digitalen Infrastruktur und zwingen Nutzern ihre Bedingungen auf. Ihre globale Präsenz ermöglicht es ihnen, Steuern zu vermeiden. Profite werden in Steueroasen verschoben. Dem Staat entgehen notwendige Steuereinnahmen. Die Finanzierung der öffentlichen Infrastruktur, Bildung und Gesundheitswesen ist gefährdet. Steuergerechtigkeit ist für diese Konzerne ein Fremdwort. Mit Lobbyismus wirken sie auf eine Machtausweitung hin. Sie steuern die Rahmenbedingungen des digitalen Marktes. Ein nahezu wettbewerbsfreier Markt steht ihnen zur Verfügung. Dafür sorgt auch ihre Doppelrolle, einerseits als Anbieter und andererseits als Vermittler von Waren und Leistungen. So hebt Amazon eigene Angebote zum Nachteil von Fremdanbietern besonders hervor.

Der heutige Mensch ist gezwungen, sich per E-Mail-Account oder als Unternehmen in das Internet zu begeben. Anderenfalls droht ihm soziale Isolation. Eine Bewerbung oder ein Angebot ohne Angabe des E-Mail-Accounts oder der Webseite, eine Bestellung per Brief bei Amazon sind nutzlos. Wir Menschen sind nicht nur im Netz, wir sind das Netz. Je mehr Menschen eine Plattform nutzen, etwa Facebook oder Amazon, um so mehr steigert das die Anziehungskraft von Facebook & Co auf andere Menschen. Experten sprechen von sozialer Gravitation. Diese sorgt für einen unablässigen Fluss vermarktbarer Persönlichkeitsdaten in Industrie, Handel und Politik. Zu deren Nutzung als Handelsgut sind die Techkonzerne eigentlich nicht legitimiert, tun es aber einfach. Nutzer verlieren dabei die Selbstbestimmung über ihre eigenen Daten. Dafür sorgt auch der sogenannte „Lock-in-Effekt". Je mehr man Internetdienste in sein Leben lässt, umso abhängiger wird man von diesen. So kann man zahlreiche Angebote nur nutzen, wenn man sich über seinen Facebook- oder Google-Account anmeldet. Bei Apple sind sogar die Produkte gekoppelt, etwa die Watch mit dem iPhone. Das alles ermöglicht eine gigantische Überwachung des Menschen, von den Finanzen über die Gesundheit bis hin zur Gesichtserkennung.

Zur Macht *durch* Technik gesellt sich die Macht *der* Technik. Denkbar ist, dass sich Technologien der Künstlichen Intelligenz (KI) eines

Tages so weit entwickelt und verselbstständigt haben, dass sie den Menschen beherrschen. Die neuen Techniken greifen tiefer und unmittelbarer in die Lebensführung des Menschen, in seine Kommunikation, ja selbst in seine Gedanken und Gefühle ein. Und damit beherrschen und steuern sie Wirtschaft und Gesellschaft. Das ist das, auf was Amazon und Facebook letztendlich zielen. Sie wollen, wenn die Smartphones und Laptops eingeschaltet sind, ein Gefühl der Zufriedenheit und Bequemlichkeit schaffen und so Gewöhnung und Abhängigkeit schaffen. Mittels Dopaminausstoß fördert das die emotionale Abhängigkeit, steigert die Wirksamkeit der Werbebotschaften und ermöglicht das Abfischen von Informationen. Es ist bekannt, dass Facebook Forschungen finanziert, deren Ziel es ist, das Gehirn von Menschen an neuronale High-Tech anzuschließen und es auszulesen.

Die Hauptakteure digitaler Macht sind Google, Amazon, Apple, Facebook und weniger stark Microsoft. Sie spielen unterschiedliche Rollen. Apple verdient sein Geld überwiegend mit Hardware, Amazon mit Handelsverkäufen und seinen Webdiensten (AWS). Alphabet/Google hat viele Zuflüsse, etwa Werbung, den Verkauf von Daten, insbesondere Persönlichkeitsprofile und Technologien, beispielsweise Android. Facebook schöpft seine Profite aus dem Anzeigengeschäft und dem Verkauf von Datenprofilen seiner Nutzer.

GAFAM lässt sich von diversen wissenschaftlichen Einrichtungen zuarbeiten. Viele Institute und Hochschuleinrichtungen sind von diesem Machtkartell wirtschaftlich abhängig. Die Branchendominanz von Google & Co wird durch solche wissenschaftlichen Trüffelschweine gefördert. Mobilfunkstandard 5G, Quantencomputer und die Verbindung Mensch und Technik mittels biophysischer Systeme wirken als Machttreiber. Big Five steuert die Datenflüsse der der Digitalgesellschaft. Diese Konzerne beherrschen die Technologien, um für ihre Zwecke Ordnung im Chaos der Datenströme herzustellen. Nur so sind diese von Wirtschaft und Gesellschaft nutzbar. Der GAFAM-Verbund ist mit einer Marktkapitalisierung von knapp 9,31 Billionen USD (Stand 1/2022) derart mächtig, dass kein Unternehmen und kein Staat gegen sie ankommt. Die Marktkapitalisierung hatte sich im Vergleich zu vor fünf Jahren fast vervierfacht. Bei soviel Macht wundert man sich nicht, dass Regierungen ihnen vielfältige kartell-, steuer- und arbeitsrechtliche Vorzugsbehandlungen gewähren. Der langjährige

Bundesminister für wirtschaftliche Zusammenarbeit und Entwicklung, Gerd Müller, warnte schon 2014:

„Einige große Internetkonzerne besitzen heute mehr Macht als uns lieb sein kann. Ich füge hinzu, mehr Macht als viele Staaten und Staatslenker. (...) Ein Informationsmedium aufzubauen, braucht weltweite Regeln. Der Google-manipulierte Mensch kann nicht unsere Vision sein."[2]

Gleichwohl ist festzustellen, dass Regierungen ihre Maßnahmen gegen große Techkonzerne verschärfen. In Amerika, Asien und Europa sind neue Gesetze in Arbeit, vor allem im Bereich der künstlichen Intelligenz, mit denen die Gatekeeper gezügelt werden sollen. Das aber setzt voraus, dass die Politik über ein Verständnis der digitalen Welt verfügt. Aber sie kommt kaum noch hinterher, den KI-Innovationen entwickeln sich rasend schnell. Die meisten davon, werden innerhalb der nächsten zwei bis fünf Jahre den Mainstream erreichen Innovationen wie Edge AI, Computer Vision, Entscheidungsintelligenz und maschinelles Lernen werden den Markt der nahen Zukunft prägen, meinen die Experten des US-Forschungsunternehmens Gartner.

2. Die neoliberale Doktrin der KI-Ideologen

Enthusiastisch wurde die Botschaft vom „guten" Internet um 1990 herum in die Welt getragen. Das elektronische Netz entstand im Milieu des gesellschaftlichen Aufbruchs nach 1968. Apple Legende Steve Wozniak hierzu: *„Unsere Idee war: Wir können die Menschheit von vielen Einschränkungen befreien."*[3] Als Folge globaler Vernetzung und digitaler Kontrollmöglichkeiten erwartete man eine weltweite Demokratisierungswelle.

Der Acker im Silikon-Valley wurde betulich und übersichtlich abgesteckt. Facebook begann als soziales Netzwerk an der Stanford-University. Google bot eine leistungsfähige Suchmaschine an. Microsoft beglückte die Welt mit Lizenzen für sein Betriebssystem Windows. Apple präsentierte einen kreativ gestalteten Computer und Amazon etablierte sich als Versandbuchhandlung. Die Reviere waren abgesteckt, man kam sich (noch) nicht ins Gehege.

Erst im Laufe der Zeit gab es Revierübergriffe. Interne Konkurrenz entstand. Mittlerweile bieten alle fünf Akteure Smart-Speaker wie Echo oder Google Home und damit gekoppelte virtuelle Assistenten wie Siri oder Alexa an. Cloud-Dienste sind bei allen Digitalgiganten buchbar. Marktführer Amazon ist der Platzhirsch. Alle haben Tablets im Angebot. Netflix und Prime bieten Filme für das Heimkino. Auch Facebook offeriert mittlerweile Nachrichten, Videos, E-Mail-Dienste und den Einkauf von Konsumgütern. Die Techkonzerne sind dabei, Ökosysteme aufzubauen, die dem Nutzer ein reichhaltiges Angebot bieten, so dass er die Plattform nicht verlassen muss. Ein digitales Ökosystem ist das Netzwerk einer Plattform wie etwa Microsoft, das Kunden, Entwickler und sonstige Partner vereinigt.

Die Entwicklung der Digitalsphäre ist faszinierend, aber auch besorgniserregend. Das Ehrenwort der Gründerväter des Internets, an einer dezentralen, egalitären und libertären Gesellschaft mitzuarbeiten, wurde gebrochen. Henry Kissinger neigt zum Pessimismus. Er befürchtet das „Ende der Aufklärung". Selbst einige KI-Pioniere warnen vor ihren Schöpfungen, so die früheren Google-Manager Tristan Harris und James Williams. Sie sehen das Heraufziehen einer „gelenkten Demokratie", die vor allem den Interessen einer „globalen Plutokratie" dient.

Das im Massachusetts Institute of Technology erscheinende „Zentralorgan" des technologischen Fortschritts, „Technology Review", stellt fest und fragt: „Technologie bedroht die Demokratie. Wie können wir sie retten?"

Man ist fast geneigt, diese Frage zu verneinen, denn die GAFAM-Akteure bestreiten fast das gesamte gesellschaftliche Leben, insbesondere den wirtschaftlichen und somit das beruflichen Alltag. Die Digitalgiganten haben in Summe eine Marktkapitalisierung von etwa sechs Billionen Euro, mithin also fünfmal soviel wie der gesamte Dax. Da kann man es sich schon mal erlauben, der Bundesregierung die Schnittstelle für die Corona-App zu diktieren oder Australien zu drohen, die Google-Suchmaschine abzuschalten als das Land eine faire Vergütung seiner Verlage forderte. Die Diskussion über die mediale Macht von Google, Amazon, Facebook und Microsoft wird seitens der Politik sehr verhalten geführt. Wir sind dabei, uns der Übermacht der Digitalriesen zu ergeben. Damit beantwortet sich auch die Schicksalsfrage von Europa. Wir werden uns fügen, denn ein Leben ohne iPhone, GoogleMaps, WhatsApp oder Amazon würden die meisten Menschen als Kastration empfinden. Der Verlust des Smartphones wäre tragischer als der der Demokratie.

Es sind wir Menschen, die als ungewollte Steigbügelhalter den Herren Zuckerberg und Bezos, Gates und Musk in den Sattel ihrer edlen Rösser helfen. Wir stehen unter ihrer digitalen Daueruberwachung. Kühen gleich werden unsere Daten beständig abgemolken und so wie Kuhmilch zu unterschiedlichen Produkten weiterverarbeitet. Den GAFAM-Riesen gehören aber nicht nur die Weiden, Kühe und Melkmaschinen, sondern verfügen zunehmend über die gesamte Infra- und Vertriebsstruktur der Wertschöpfungskette nebst Kommunikationskette. Die Hälfte der Unterseekabel befindet sich bereits in den Händen von Google, Facebook, Amazon und Microsoft. Diese bieten nicht nur digitale Inhalte, sondern das notwendige Netz und gefährden so die Netzneutralität. Klugerweise bündelten sie verschiedene Dienstleistungen, am intensivsten Google.

2.1 Angriff auf den Staat

Insidern ist bekannt, dass die aktuellen Digitalakteure im Silicon Valley die Demokratie für eine „veraltete Technologie" halten. Sie ist ihnen zu langsam. Eric Schmidt, Ex-Vorstandsvorsitzender von Google, erklärt in seinem Buch „Die Vernetzung der Welt", seinen Konzern ohne den Einfluss staatlicher Macht entfalten und staatliche Strukturen mit den Mitteln der Digitalisierung beseitigen zu wollen. In bester neoliberaler Manier beschränkt er den Neoliberalismus nicht auf die Wirtschaft, sondern proklamiert ihn als ein ordnungs- und gesellschaftspolitisches Modell für alle gesellschaftlichen Bereiche. Für den Internet-Pionier Tim O'Reilly, besteht die Zukunft der Politik in „algorithmischer Regulation" gesellschaftlicher Prozesse, anders ausgedrückt, in digitaler Automatisierung von Politik und Gesellschaft.

Staaten, insbesondere in der EU, seien hierbei ein Hemmnis. Außerdem haben Ergebnisse von Suchmaschinen nichts mit Datenverarbeitung zu tun. Deswegen sei auch die Frage der Verantwortlichkeit für Inhalt und Wirkung gegenstandslos, zumal Entscheidungen von einer automatisierten KI getroffen würden.

Sehr aktiv agiert auch der neue Vorstandsvorsitzende von Google gegen jedwede Regulierung der KI. Er sieht ein Zuviel an staatlicher Regulierung und fordert einen freien Markt, den er und Seinesgleichen mit ihrer gewaltigen Wirtschaftsmacht immer stärker einengen.

Sein Engagement ist verständlich, denn in weiser Voraussicht wirken er und seine neoliberalen Gesinnungsgenossen für einen Haftungsausschluss von KI- Produkten. Wenn überhaupt, muss weltweit kalifornisches Digitalrecht gelten, denn Googles Server stehen in Kalifornien und amerikanische Richter stehen der heimischen Digitalindustrie wohlwollender gegenüber als europäische.

Auch Peter Thiel, Mitgründer von Paypal und deren zeitweiliger Geschäftsführer, gehört zu den Anhängern des Libertarismus, einer politphilosophischen Strömung, die eine Beschränkung des Staates bei weitgehender wirtschaftlicher Freiheit fordert. Auf dem Nominierungsparteitag der republikanischen Partei der USA warb er lautstark für den Kandidaten Donald Trump und spendete 1,25 Milliarden US-Dollar. Obwohl man aus dem Munde der amerikanischen KI-Giganten immer wieder hört, dass die KI-Wirtschaft und Gesellschaft tiefgehend verändern werde, operieren sie nach wie vor unter den Bedingungen rechtlicher Freiheit. Eine Regulierung ihres Tuns ist nicht in Sicht. Das würde die technologische Entwicklung behindern, behaupten die Platzhalter im Silicon Valley. Die neoliberalen Gralshüter proklamieren die vereinnahmten Daten aus Social Media und anderen Quellen als ihr Eigentum, mit dem sie nach ihrem Ermessen schalten und walten können. Sie haben einen beispiellosen Zugang zu Meinungen, Kauf- und Lebensgewohnheiten, ja selbst zur Gefühlswelt von Milliarden Menschen. Dieser Wissensschatz ermöglicht ihnen eine Einflussnahme, ohne dass es den Betroffenen bewusst wäre oder diese ihre Zustimmung gegeben hätten. Insofern geht es bei der Diskussion über Nutzerrechte und den Schutz persönlicher Daten um mehr als nur um individuelle Rechte. Die Menge an Daten und die daraus resultierenden Einwirkungsmöglichkeiten auf die Gesellschaft machen diesen Fundus zu einem öffentlichen Gut, das allen zur Verfügung stehen muss. Als Gemeingut sind sie eigentlich demokratischer Kontrolle zu unterwerfen.

Steuervermeidung gehört zur DNA des Neoliberalismus, insbesondere der amerikanischen Digitalkonzerne. Dort, wo sie ihre Profite machen, fordern sie eine gute Infrastruktur bis hin zu guten Schulen und Universitäten für die Kinder ihrer Mitarbeiter. Sie fordern *ohne* zu geben, denn auf ihre weltweiten Milliardengewinne zahlen sie kaum Steuern, und das erst recht nicht in der EU, obwohl sie dort einen beträchtlichen Teil ihrer Umsätze erzielen. Ihr Europageschäft betreiben sie aus Steueroasen wie Irland und Luxemburg, die ihnen viele Möglichkeiten zur Steuervermeidung gewähren.

Shoshana Zuboff, Harvard Professorin und Amerikas renommierteste Expertin in Sachen Google & Co schreibt, dass *„Google wie Facebook sich nachträglich dafür ein(setzen), die Regulierung zurückzufahren, Gesetze zur Förderung der Privatsphäre im Web abzuschaffen, zu verwässern oder gleich zu blockieren und jeden Versuch, ihre Praktiken einzuschränken, im Keim ersticken, weil derlei Gesetze existenzielle Bedrohungen"* für ihr Geschäftsmodell sind. Als sich in Kalifornien eine Initiative für eine bessere Bezahlung der Fahrer von Uber und ähnlichen Unternehmen der Gig-Economie entstand wurde die neoliberale Gegenwehr unter den Deckmäntelchen von Vielfalt und Freiheit organisiert. Sie sorge dafür, dass alles beim Alten blieb. Der Primat der Wirtschaft setzte sich gegen den des Politischen durch. Amazons Kampf gegen Gewerkschaften und Mitbestimmung der Arbeitnehmer geht ebenfalls in diese Richtung. Als sich das Europäische Parlament im Mai 2021 ein Bild von den Vorwürfen gegen Amazon machen wollte und Amazon zu einer Anhörung bat, blieb der Konzern dieser ohne weitere Erklärung einfach fern. Der sozialpolitische Sprecher der christdemokratischen EVP-Fraktion kritisierte dieses Verhalten mit scharfen Worten in Richtung Jeff Bezos: *„Dass Herr Bezos unsere Einladung ignoriert und nicht einmal einen Vertreter einsendet, ist ein Akt unfassbarer Arroganz und eine Missachtung von demokratischen Institutionen."*[4]

Die neoliberalen Gralshüter stellen den Unternehmer als gesellschaftliche Leitfigur heraus. Der Digitalbereich ist empfänglich für diese Art neoliberalen Gedankengutes. Viele IT-Start-Ups fühlen sich als ihres Glückes Schmied. Sie hingen und hängen an den Lippen von Steve Jobs und anderen Branchenchampions, um deren Marketingrezepte zu imitieren. Trotz der Start-up-Misserfolgsstatistik hoffen viele von ihnen, vom IT-Tellerwäscher zum Digitalmillionär aufzusteigen. Dafür passen sie ihren Körper und ihre Seele den Anforderungen des Marktes an, bis hin zur Selbstausbeutung. Sie befinden sich in einem niemals endenden Prozess der Selbst-Optimierung. Wer scheitert hatte kein Pech, sondern ist selber schuld.

2.2 Kryptogeld statt staatlicher Währung

Die Nadelstiche von Kryptowährungen sind ein neoliberales Husarenstück gegen nationale Währungssysteme. Mit Bitcoins und demnächst der Libra wird die Währungspolitik von Staaten ausgehebelt. Kryptogeld kennt keine Anbindung an eine demokratisch legitimierte Instanz. Das sei auch nicht nötig, meinen die Anhänger von Kryptowährungen, da Wirtschaft und Staat durch ein System von Algorithmen und den Marktmechanismus reguliert werden sollen. Im Falle von Bitcoins ähnelt der Marktmechanismus einem Glücksrad, an dem Drogen- und Schwarzgeldkriminelle drehen. Besonders mit der Libra droht die Gefahr, dass Staaten und Staatsbündnissen die Gestaltungs- und Regulierungsmacht zugunsten von Facebook genommen wird. Facebook kann sich auf seinen gewaltigen Aktivposten von 2,7 Milliarden Nutzern stützen. Die Europäische Zentralbank würde zum zahnlosen Tiger. Wir bekämen ein rein privates und damit unreguliertes Bankensystem von Zuckerbergs Gnaden.

Der Libra wird kommen. Das ist so sicher wie das Amen in der Kirche. Obwohl einige der neoliberalen Glaubensbrüder aus der Digitalwirtschaft ihr zunächst zugesagtes Mitwirken wegen zunehmender Kritik widerriefen, solle man aus dem Abgang der Partner keine Schlüsse über das Schicksal der Digitalwährung ziehen, meint Libra-

Manager David Marcus. *„Natürlich sind das keine großartigen Nachrichten auf kurze Sicht, aber auf eine gewisse Weise ist das auch befreiend. Wandel in diesem Maßstab ist hart."*[5] Bei so viel Druck von außen sei klar, dass es sich um ein interessantes Projekt handelt.

2.3 Kosmetisch geschönte Ethik

Es scheint, als wolle die Digitalwirtschaft das Damoklesschwert gesetzlicher Regelungen mit selbstverpflichtenden Erklärungen abwenden. Mindestens ein Dutzend ethischer Empfehlungen werden allein in Deutschland angeboten. Wie fragwürdig diese Angebote sind, zeigen die Gütekriterien des Bundesverbandes KI e.V. Hier reicht es, eine Selbstverpflichtungserklärung zu unterschreiben, um in den Besitz eines Gütesiegels zu kommen.

Die Angebotsschwemme an Ethik-Empfehlungen erinnert an die Praxis von Unternehmen, die mit Führungsgrundsätzen, Unternehmens-Leitbildern oder Quality Guidelines in Hochglanzbroschüren ihre Ethik be(mein)eiden. Es darf vermutet werden, dass unter der Überschrift ‚Wertekodex' kritische Fragen zu moralisch fragwürdigem Verhalten abgewehrt werden sollen. In diesem Zusammenhang sei an die wohlklingenden Gelübde von Kundenorientierung und Gesetzestreue erinnert, so beispielsweise in den Policies der Deutschen Bank oder von VW. In der empirischen Großstudie über das deutsche Corporate Governance-System ist nachzulesen, dass die Bedeutung solcher Kodizes in der unternehmerischen Praxis gering ist: *„Mit ernstzunehmenden firmenspezifischen Verhaltenskodizes sind nur etwa 20 Prozent der deutschen Gesellschaften ausgestattet."*[6]

Man hat den Eindruck, als verhielte sich die Wertediskussion der deutschen Wirtschaft reziprok proportional zum Werteverfall. Man darf mit gutem Grund annehmen, dass Unternehmen eine Art ethische Kosmetik betreiben, um gesetzliche Regelungen zur KI aufzuschieben oder gar zu verhindern. Die Politik tut ein Übriges, indem sie ihre gesetzgeberische Abstinenz zur KI mit dem Hinweis auf die proklamierte Eigenverantwortung der Wirtschaft begründet. Was also nützt eine KI-Ethik? Sie wäre nichts anders als eine freundliche Bitte an Facebook, Google & Co sowie an die Chinesen, doch bitte die Moral zu beachten. Vielleicht nimmt man sie dort zur Kenntnis, aber verbindliche Regeln und Gesetze, die den Verbraucher schützen, wären wirksamer. Da

Internet und KI alle Bereiche unseres Lebens durchdringen, muss das Recht vor der Ethik stehen, denn sonst drohen der freiheitlichen Gesellschaft unabsehbare Folgen und Gefahren.

2.4 Der 11. September 2001: Glück im Unglück

Der Terroranschlag auf das World Trade Center am 11. September 2001 war, so zynisch es klingen mag, für die nach Rechtsfreiheit strebenden Digitalunternehmen ein Glücksfall. Glück im Unglück könnte man fast meinen. Überwachungspraktiken, die vor diesem Datum als indiskutabel galten, wurden über Nacht für notwendig erklärt. Das Thema Sicherheit wurde dem Schutz der Privatsphäre vorgelagert. Der US Kongress verabschiedete den „Patriot Act," der eine weitreichende Überwachung und Kontrolle der Zivilbevölkerung ermöglichte. Fortan war es möglich, ohne Richtererlaubnis Telefonate mitzuhören und E-Mails mitzulesen. Hausdurchsuchungen und Kontoüberprüfungen finden nunmehr ohne Wissen des Betroffenen statt. Ein vager Terrorismusverdacht allein reicht aus, um diese und andere grundrechtsbeschränkende Maßnahmen zu praktizieren.

Die Liste neoliberaler Forderungen prominenter KI-Akteure nach einer rechtsfreien KI ist lang. Technologie vor Recht, lautet das Credo. Begründung: Es liege im Wesen der künstlichen Intelligenz, dass sie ein nicht mehr kontrollierbares Eigenleben entfalte, denn schließlich sei sie intelligent und neutral. Dem ist zu entgegnen: Natürlich ist die Technologie hinsichtlich ihrer Anwendung neutral. Sie fragt nicht, wofür sie genutzt wird. Das aber entbindet kein KI-Unternehmen und politisches Entscheidungsorgan von seiner Verantwortlichkeit. In China ist die Politik für die Totalüberwachung verantwortlich, nicht aber die hervorragende Technik von Huawei oder kreative Start-Ups. Viele Staaten der Welt nutzen mittlerweile chinesische Überwachungs-technologie. Die Sicherheit der 40.000 gut betuchten Einwohner Monacos wird von 520 Videokameras gewährleistet, die sehr aktuell mit G5- Technologie von Huawei nachgerüstet wurden.

China ist ein mahnendes Beispiel für eine KI-Praxis, die den Big Brother aus George Orwells Roman „1984" real machte. Laut CNBC (Consumer News and Business Channel), einer NBC-Tochter), überwachen 200 Millionen Überwachungskameras das beobachtbare Leben der Menschen. 1,4 Millionen Staatsbürger sind in einer

Gesichtserkennungs-Datenbank gespeichert (CNBC 16. Mai 2019). Im „Reich der Mitte" kann es keinen KI basierten Angriff auf die Demokratie geben, da es keine Demokratie gibt. Außerdem scheinen die Chinesen im Einklang mit ihrer Überwachung zu leben. Sie entspricht ihrem Bedürfnis nach Sicherheit und Ordnung.

Neoliberale Forderungen nach Entstaatlichung des Internets und die Praxis der sogenannten „Frightful Five" (Apple, Google, Amazon, Microsoft, Facebook) zwingen zum Nachdenken über das Verhältnis von KI und Demokratie. Ist es einem Rechtsstaat förderlich, wenn, so wie im US-Wahlkampf 2017, über eine Milliarde Dollar für KI-basierte Wählerbeeinflussung ausgegeben wird? Sind Googles Aufwendungen für Lobbyismus in Höhe von 18 Millionen Dollar demokratiekonform? Die Washington Post attestiert Google eine Meisterschaft in der politischen Einflussnahme und in Sachen Raffinesse. Die New York Times zitiert Barry Lynn, einen der renommiertesten Wissenschaftler im Bereich digitaler Monopole: *„Google wirft sowohl in Washington wie auch in Brüssel aggressivst mit Geld um sich, um an den Drähten zu ziehen"*[7]. Obama war 2008 einer der Nutznießer. Googles CEO ließ ihm 250 Millionen Daten von Wahlberechtigten für sogenanntes Mikrotargeting zukommen. Das ist eine internetbasierte Kommunikationsstrategie, bei der Wählern personalisierte Werbebotschaften unterschwellig überbracht werden, ohne dass sie als Werbung erkannt werden. In sozialen Netzwerken oder Datenbanken zugängliche Daten werden gesammelt, beispielsweise Bildungsabschlüsse, die Automarke oder Mitgliedschaften, in Kategorien eingeordnet, um potenzielle Wähler unter Zuhilfenahme von KI per E-Mail, postalisch oder per Telefonbot gezielt anzusprechen. Die Macher im Hintergrund produzieren individuelle Wahlversprechen. Solche Posts stärken oder schwächen Meinungen und Vorlieben von Menschen. Zugleich verschwimmt bei politischen Botschaften die Grenze zwischen politischer Werbung und journalistischen Inhalten in sozialen Netzwerken.

Diese Praxis ist wenig demokratiefördernd, denn Demokratie beruht auf Interessenbündelung und -ausgleich. Im Digitalen schwindet die allgemeine politische Öffentlichkeit. Auch wird erkennbar, dass sich das Wahlverhalten von Menschen ebenso beeinflussen lässt wie das Konsumverhalten. Googles Geldfluss in die Kassen der Demokratischen Partei war renditeträchtig. Nach Obamas Wahlsieg brachten 296 Personen ihr Wissen und ihre Kontakte aus dem Regierungsapparat in die

Googlesphäre ein. 61 wechselten von Google in umgekehrte Richtung, davon 31 direkt ins Weiße Haus oder zu Institutionen, die für den Suchmaschinenriesen von unmittelbarer Relevanz waren.

Die Bundesorganisationen der im deutschen Bundestag vertretenen Parteien gaben in den drei Monaten vor der Bundestagswahl 2021 rund 4,7 Millionen Euro für Mikrotargeting bei Facebook, YouTube und Google aus, allen voran die Grünen. Im August 2021 konnten zwei deutsche Publizisten im Zusammenwirken mit DIE PARTEI aufzeigen, wie das Geschäft des Mikrotargeting funktioniert. Englische IT-Unternehmen, Kánto Systems und Century Media boten ihre Dienste an, so wie seinerzeit für Cambridge Analytica. Diese Unternehmen konnten beste Referenzen zu gewonnenen Wahlen in Pakistan, Jordanien und im Irak vorweisen. Den angeblichen Interessenten aus Deutschland wurde eine Datenbank mit „psychografischen Profilen" deutscher Wähler präsentiert. Diese könnte Mikrobotschaften zu jedem erdenklichen Thema generieren und versenden. 815.000 Euro verlangt New Century Media für den Einstieg in den deutschen Digitalwahlkampf. Wissenschaftler, die solche Einflussnahmen im Graubereich des Wahlkampfes untersuchen forderten die Parteien wiederholt, darauf zu verzichten und bekannt zu machen, welche Agenturen engagiert wurden. Twitter und TikTok erlauben keine politische Werbung auf ihren Plattformen.

2.5 Digitale Manipulation statt Kommunikation

Die individuelle Passgenauigkeit basiert auf dem Profiling, dass über den Nutzer aufgrund seiner Internetnutzung erstellt wird. Ein Obama Berater hierzu: *„Wir wussten schon, für wen… die Leute stimmen würden, bevor sie sich entschieden hatten."*[8] Obamas Wahlkampfleitung kannte *„Name, Anschrift, Rasse, Geschlecht und Einkommen jedes einzelnen unschlüssigen Wählers im Land, den es zu überreden galt, für Obama zu stimmen"*, schrieb die New York Times. So kann es sein, dass eine Facebookseite auf den männlichen Nutzer namens Miller abgestimmte Werbeinhalte enthält, aber andere Botschaften für die Nutzerin Müller. Obamas Wahlerfolg beweist dessen Wirkung. Filter Bubbles und Echokammern verstärken die Wirkung des Mikrotargetings. Hierbei wird die eigene politische Meinung immer wieder bestätigt und dadurch verstärkt, dass Algorithmen entgegengesetzte Meinungen herausfiltern. Allerdings bezweifeln Studien die Wirkung solcher Algorithmen.

Der jetzt in deutschen Diensten stehende MIT-Professor Iyad Rahwan sprach in einem Interview mit dem SPIEGEL von zahlreichen Formen algorithmengesteuerter subtiler Einflussnahme der Parteien auf Wähler. Ein Beispiel: In einer Studie wurden Wähler per Facebook am Wahltag an die Abgabe ihrer Stimme erinnert. Eine zweite Gruppe bekam zusätzlich die Information, welche ihrer Freunde bereits gewählt hatten. Aufgrund des sozialen Drucks ist diese Gruppe zuverlässiger zur Wahl gegangen. *„Das Problem entsteht, sobald nur die potenziellen Wähler einer Partei eine derartige Information bekommen und damit die Chancen dieser Partei steigen.“*[9] Um Nutzer auf Internetseiten zu lenken und sie dort zu binden, nutzen vor allem Social Media-Anbieter das Reiz-Reaktionsmodell des Psychologen Frederic Skinner, wie es an Glücksspielautomaten angewendet wird. Ein „zufälliger“ Gewinn reizt, Münzen nachzuwerfen. Auch das Scrollen mit den Fingern oder der Maus über reizstarke Informationen auf dem Bildschirm wirkt wie das unterschwellige Ködersystem der Glücksspielautomaten. Man nutzt unser angeborenes Bedürfnis nach sozialer Interaktion und Reziprozität. Positive Interaktionen zwischen Menschen und Maschine bewirken einen Dopaminausstoß im menschlichen Gehirn. Das steigert die Interaktionshäufigkeit und Verweildauer auf einer Social Media-Seite und die Wirkung der dort platzierten Werbebotschaften. Der Verstand wird zugunsten des Gefühls unterdrückt. Je länger sich Menschen ködern lassen, umso mehr persönliche Daten geben sie preis. Ein ehemaliger hochrangiger Facebook Manager warnt gar vor einer Zerstörung der „Funktionsweise der Gesellschaft“ durch die *„von uns geschaffenen kurzfristigen, dopamingetriebenen Feedbackschleifen.“*[10]

2.6 Meinungsfreiheit für Bots?

Immer mehr KI-Programme bieten die Möglichkeit, Presseartikel, Emails oder Social Media-Beiträge zu verfassen. Unter einem Bot versteht man ein Computerprogramm, das weitgehend automatisch wiederkehrende Aufgaben abarbeitet. Beispiele sind Chatbots, Social Bots und Gamebots. Sie erwecken den Eindruck, Menschen zu sein. Diese sogenannten Bots werden mehr und mehr eingesetzt, um die öffentliche Meinung zu beeinflussen. Die Narrative werden so lange und wiederholt verbreitet, bis sie aus ihrer Eigendynamik heraus wirken. Sie können menschliches Verhalten simulieren, indem sie Freundschaftsanfragen bei Facebook versenden, bei Twitter anderen Accounts folgen oder eigene Texte lancieren. Drei Botstypen sind maßgeblich:

1. Beim Überlastungs-Bot werden die Feeds einer bestimmten Social Media-Seite mit (Kontra)-Aussagen überflutet. Daraus folgt eine gegenseitige Beschleunigung. Eine Diskussion findet nicht statt.

2. Beim Trendsetter-Bot wird tausendfach dasselbe Hashtag („#“) verwendet. Diese Markierung ist eine Art Schlagwort, mit dem zu anderen Statements und Beiträgen zum gleichen Thema hingeführt wird. Dieses erscheint plötzlich größer als es ist.

3. Auto-Trolle-Bots sollen einzelne Nutzer ablenken, damit diese möglichst viel Zeit mit nutzlosen Diskussionen verbringen. Unterhalten sich zwei Nutzer auf einer Social Media-Plattform, klinken sich solche Programme mit unpassenden, extremen oder gar beleidigenden Inhalten automatisch ein. In den USA besteht ihr Zweck u.a. darin, der journalistischen Berichterstattung über Politik zu widersprechen. Ideologie schlägt Fakten. Sie gehören mittlerweile zum Standardrepertoire in Wahlkämpfen. Künstliche Intelligenz sorgt dafür, dass die Botschaften personalisiert herüberkommen. Nicht die besseren Argumente, sondern die Masse maschineller Nachrichten bei gekonnter Nutzung persönlicher Daten beeinflusst den Wahlausgang. Die Amerikaner erleben eine neue Art der Zensur. In der deutschen Politik haben die Parteien auf den Einsatz von Social-Bots verzichtet.

Im Dezember 2018 waren in Deutschland so viele Bots aktiv wie lange nicht mehr. Im Zusammenhang mit dem UNO-Migrationspakt wurde Stimmung gegen diese internationale Übereinkunft gemacht. Von 800.000 Tweets, die zwischen dem 24. November und dem 2. Dezember auf Twitter veröffentlicht wurden, entfielen 28 Prozent auf dieses Thema. Normalerweise sind es bei politischen Beiträgen 10 bis 15 Prozent, so die Ergebnisse des spezialisierten Unternehmens mit dem Namen „Botswatch“. Das bedeutet aber nicht, dass Bots die Debatte um den Migrationspakt entscheidend beeinflusst haben, zumal auch andere Kanäle, etwa YouTube und Facebook, zur Meinungsbeeinflussung genutzt wurden.

Es stellt sich die Frage, ob diese Bots ein Recht auf Rede- und Meinungsfreiheit haben. Amerikanische Juristen meinen, dass ein Roboter genauso gute Argumente haben kann wie ein Mensch. Er kann wertige Beiträge in eine Diskussion einbringen. Insofern hat Künstliche Intelligenz den gleichen Anspruch auf Meinungsschutz wie ein Mensch. Die Anhänger dieser Meinung berufen sich auf die amerikanische Verfassung, die dieses Schutzrecht wesentlich weiter fasst als das deutsche Recht, das primär die sprechende Person schützt. Im amerikanischen Verfassungssystem genießt „speech", also die „Rede an sich", den Schutz des Gesetzes.

Kritiker dieser Auffassung machen geltend, dass das ein Feigenblatt für die KI-Vorreiter sei, die sich damit gegen Wettbewerbsklagen schützen und Maschinen über Menschen stellen wollen. *„Wenn man Algorithmen die Definitionsmacht überlässt, wird das, was eigentlich Ergebnis einer gesellschaftlichen Debatte sein sollte, im Maschinenraum der Internetkonzerne erledigt... Die Maschinen würden dann...zu Schiedsrichtern der Meinungsfreiheit"*[11] werden.

2.7 Das Ende der Freien Presse

Der durch die Digitalisierung bewirkte Aderlass der Presse minimiert die ausgleichende Wirkung der ‚vierten Macht' im Staate. Ihr wird die Lebensgrundlage entzogen. Werbeeinnahmen der Digitalwirtschaft werden zu 60 Prozent von Facebook und Google getragen. Das unterminiert die Rolle der Presse als demokratisches Regulativ. Zwei Drittel aller US-Bürger konsumieren Nachrichten aus den sozialen Netzwerken. Laut einer bitkom-Umfrage sollen sich auch in Deutschland drei Viertel aller Internetnutzer in Deutschland online über das aktuelle Tagesgeschehen informieren. Die Hälfte aller Facebook-Nutzer konsumiert News ausschließlich auf den Seiten von Facebook, das so zum Fenster der Welt wird. Um eventuellen Problemen auszuweichen behauptet Mark Zuckerberg, sein Konzern sei lediglich eine „Plattform". So entzieht er sich jedweder presserechtlichen Verantwortung.

Auch Google ist mit „Google News" ein Medienunternehmen. Printmedien liegen seit Jahren mit diesem Internetgoliath im Streit, weil sich Google hier Texte und Bilder, sogenannte Snippets besorgt, ohne dafür zu bezahlen. Google ist kein Textproduzent, aber aggregiert, kanalisiert, organisiert und strukturiert Informationen und wirkt so auf die öffentliche Diskussion.

In Deutschland ist das Internet die zweitwichtigste Nachrichtenquelle nach dem Fernsehen. In anderen europäischen Ländern steht das Internet sogar auf Platz 1. Das benachteiligt den klassischen Journalismus und führt zu einer Verlagerung des Anzeigengeschäfts weg von der Presse hin zu den Digitalmedien. 1991 wurden 27,3 Millionen Tageszeitungen verkauft. 2020 waren es nur noch 12,5 Millionen. Deutschlands Presselandschaft hat sich ausgedünnt. Die Überlebenschance liegt in der digitalen Verpackung von Presseorganen mit eingebetteter Werbung. Nicht viel besser als der Presse erging es Buchverlagen. Netflix ist an die Stelle des gedruckten Romans getreten.

Aufgrund der durch KI ausgelösten Situation fordert der ehemalige MIT- Professor Iyad Rahwan, jetzt Direktor des Max-Planck-Instituts für Bildungsforschung, einen neuen Gesellschaftsvertrag. Er macht darauf aufmerksam, dass in demokratischen Gesellschaften die Bürger einen Teil ihrer persönlichen Freiheiten an den Staat abgegeben haben, damit er im allgemeinen Interesse allgemeingültige Regeln durchsetzt. *„Nun ist eine Situation entstanden, in der wir einen Teil unserer Freiheiten an Algorithmen abgeben, die unser politisches Handeln mitbestimmen, ohne dass wir sie mit den Mitteln unserer traditionellen Gewaltenteilung kontrollieren könnten.“*[28]

2.8 Wie wird sich Europa positionieren?

Noch immer gilt die Meinung, dass Demokratie und Marktwirtschaft die Stützpfeiler wirtschaftlicher Entwicklung seien. Das Beispiel der Digitalisierung Chinas relativiert dieses Dogma. Es beweist die Überlegenheit eines autoritären und zentralistischen Gesellschaftsmodells gegenüber dem Kapitalismus westlicher Prägung. Bei KI will China bis 2030 vor den USA die Weltführerschaft übernehmen. Experten schätzen, dass das schon 2025 der Fall sein wird.

Die weitere Entwicklung der KI-Technologie und ihre gesellschaftliche Einbettung werden durch den kalifornischen Neo-liberalismus und den chinesischen Staatskapitalismus geprägt. Europa befindet sich mit seiner KI im Zangengriff zwischen diesen zwei Grundausrichtungen und muss sich mit der Rolle des Beobachters und Nachzüglers begnügen. Nur im Bereich der Einhaltung demokratischer Standards verbleibt für Europa die Möglichkeit einer Vorbild- und Führungsrolle. Da aber große Datenmengen Voraussetzung für die Güte von KI-Angeboten sind, findet die chinesische KI-Praxis auch in EU-Staaten Befürworter. Daran ändert selbst die Europäische Datenschutz-Grundverordnung nichts. Wenn das chinesische Modell oder eine Laisserfaire-Praxis à la Irland einen Vorteil versprechen, werden sich weitere europäische Staaten daran orientieren.

Die Bundesrepublik Deutschland definiert sich als republikanischer, demokratischer und sozialer Rechtsstaat. Daraus folgt: Das öffentliche Leben ist an Recht und Gesetz gebunden. Es stellt sich die Frage: Wie lange bleibt das so und welche Wirkungen haben Neoliberalismus und KI auf unsere Gesellschaftsordnung? Die gegebene Situation und vermeintliche Entwicklung verlangten nach Antworten. Wenn wir auch morgen noch in einem Staat leben wollen, bei dem *„alle Staatsgewalt vom Volke ausgeht"* (GG 1) müssen wir uns gegen alle Versuche der Internetgiganten (Google, Facebook, Apple, Amazon und Microsoft) wehren, die Staatsmacht mit der Finanzmacht von bald sieben Billionen Dollar und der Macht aus Trillionen von Daten zu unterminieren. Die Kriegskasse der GAFAM-Akteure ist mit 450 Milliarden Dollar an Barmitteln bestens gefüllt und würde reichen, BMW, VW und Daimler an der Börse zu kaufen. Das Auto der Zukunft ist ein fahrendes Softwareprogramm.

3. Google, mehr als nur die Suchmaschine

Zwei Studenten der Stanford-Universität, Larry Page und Sergey Brin, schufen 1998 eine Suchmaschine mit dem Namen Google. Ohne die Folgen zu erahnen, eröffneten sie damit eines der spannendsten Kapitel der Wirtschaftsgeschichte. Google war zunächst als reine Suchmaschine ohne Werbung gegründet worden. Die Nutzer hatten Fragen, Google gab Antworten. Das Prinzip lautete Geben und Nehmen. Die Firmengründer aber wollten Weltveränderer sein, deren Arbeit dem Wohl der Menschheit dienen sollte. Sie machten ein Angebot von großem Nutzen für Millionen Menschen, aber zugleich eines zu deren Nachteil. Kein Mensch ahnte, dass er zum Objekt groß angelegter Überwachung und ungefragter Vermarktung würde.

Der Gang an die Börse war eine Sensation. Nach 120 Tagen hatte sich der Kurs verdoppelt. Mit ähnlicher Geschwindigkeit ging es in den folgenden Jahren weiter. Um zu verhindern, dass Investoren und „Bankokraten" den strategischen Kurs bestimmen, gaben Page und Brin zwei Aktienklassen aus: Stammaktien mit je einer Stimme für die Öffentlichkeit und Stammaktien mit je zehn Stimmen für die Gründer. So sicherten sie ihre Mehrheit bei Entscheidungen.

Mit dem weiteren Wachstum relativierte sich der antibürokratische Anspruch der Firmengründer. Das zeigte sich an der Hereinnahme von Eric Schmidt in den Konzernvorstand. Dieser war bis 2009 Mitglied im Board of Directors bei Apple. Er lieferte die notwendige „adult supervision".

Im Vergleich zu anderen Arbeitgebern erweckt Alphabet/Google den Eindruck eines Schlaraffenlandes. Gehälter von 200.000 USD sind nichts Außergewöhnliches. Geboten werden große offene Arbeitsflächen auf einer Ebene ohne Einzelbüros oben oder unten, Wohlfühlservice mit Kindergarten, Hundeschule, Fußballplatz, Kletterwand, Zahnarztpraxis, Nickerchen-Ecke, Bowlingbahn, Essen, Kaffee und Getränke, um nur das Wichtigste zu nennen.

Alphabet/Google: Die wichtigsten Daten

Gegründet	1998
Gründer	Larry Page und Sergey Brin
Konzernsitz	Mountain View (USA)
Aktive Nutzer weltweit	300 Millionen
Umsatz global 2020	226 Milliarden USD (2022)
Werbeumsatz 2020	209 Milliarden USD
Gewinn 2020	40,3 Milliarden USD
Mitarbeiter 2020	157.000
Markenwert	458 Milliarden
Marktkapitalisierung	1,23 Billionen USD (2022)
Aktie 2021	2.600 USD
Wachstum seit 2010	1.300 Prozent

Unterschiedliche Angaben in unterschiedlichen Quellen

3.1 Struktur und Ordnung mit der Alphabet Inc.

Als Folge des überbordenden Wachstums benötigte das schnell zum Konzern gewachsene Unternehmen Organisation und Struktur. 2015 wurde eine Holding mit dem Namen „Alphabet Inc." geschaffen. Die Arbeitsbereiche wurden als eigenständige Tochterunternehmen unter dem Dach der Holding zusammengefasst, darunter das Kerngeschäft, die Google-Suchmaschine. Das war ein unausweichliches Zugeständnis an die Investoren. Man wählte den Namen Alphabet, weil dieser für die Sprache stehe. Diese sei die wichtigste Erfindung der Menschheit an sich. „*Do the right thing*" lautete das neue Konzernmotto. Das Führungsduo gab sich klare Zuständigkeiten. Larry Page wurde alleiniger Vorstandsvorsitzender und Sergey Brin eine Art Cheferfinder. Seit 2019 wird der Konzern von Sundar Pichai geführt. Anfang 2021 gründete sich mit der Alphabet Workers Union eine Unternehmensgewerkschaft. Sogar ein Betriebsrat wurde gewählt.

Google Zentrale in Mountain View, Kalifornien

Drei Millionen Bewerbungen gehen jährlich bei Alphabet/Google ein. Der Personalchef versichert, dass kein Bewerber automatisiert von Algorithmen aussortiert wird. Angeblich werden alle eingereichten Lebensläufe der relevanten Kandidaten von den People Analysts, zumeist Psychologen und Soziologen, gelesen. Etwa 20 Vorstellungsgespräche muss ein Bewerber überstehen; wenn nur einer der Recruiter den Daumen senkt, wird es nichts mit der Karriere im Siliziumtal oder an einem der 111 Standorte in 56 Ländern.

Der Fokus der Kandidatensuche richtet sich auf Informatiker, Natur- und Humanwissenschaftler, auf Ingenieure und Techniker, weniger auf Betriebswirte, Verkäufer und reine Manager, gegen die, wegen ihrer Bremswirkung auf Innovationen, eine subtile Skepsis besteht. Flexible Generalisten mit breit gefächerten Eignungen nebst einer Prise Unternehmertum werden bevorzugt rekrutiert. Alphabet/Google ist ein von Ingenieuren geprägtes Unternehmen. Das sieht man auch daran, dass zwischen Wissenschaftlern und Ingenieuren nicht unterschieden wird.

Auch Start-ups sind interessante Kandidaten . Google, aber auch andere Tech-Riesen, locken sie ständig mit astronomischen

Kaufangeboten in ihr Refugium, rechtzeitig, bevor diese das „next big thing" der Branche landen und dieses in konkurrierende Hände fällt.

3.2 Googles Erfolgs"geheimnisse"

Die interessierte Öffentlichkeit fragt nach Googles „Erfolgsgeheimnissen", wenn es denn solche gibt. Wer sich in der Managementtheorie auskennt, findet nicht fundamental Neues in der Art und Weise der Konzernführung. Es ist wie bei den „Geheimnissen" des japanischen Managements, die um 1985 herum gesucht und propagiert wurden. Das Geheimnis bestand darin, dass vieles von dem, was in der Mitarbeiter- und Unternehmensführung als vernünftig und nützlich galt, konsequent angewendet wurde, etwa Teamarbeit, Qualitätsmanagement, strikte Kundenorientierung und Prozessoptimierung.

Googles Unternehmenskultur ist mit dem Spirit des Silikon Valleys durchtränkt. Dieser ist gekennzeichnet durch fundamentale Fortschrittsgläubigkeit, Machbarkeitsoptimismus, Steh-auf-Mentalität, technophile Grundeinstellung und alternative Lebens-einstellung, gepaart mit der Hoffnung auf das große Geld. Diese Aspekte sind Teil des unausgesprochenen Gelöbnisses, das jeder innerlich abgibt, der im Silikontal tätig werden möchte. Dem Duo Page und Brin war es wichtig, das kreative Chaos ihres Start-ups aufrecht zu erhalten.

Die kalifornische IT-Ideologie drückt sich auch in der „10x-Orientierung" des Google-Konzerns aus. Das bedeutet: Alles, was geplant oder getan wird, muss zehn Mal größer, besser, schneller sein als alles vorher Dagewesene. Page predigte immer wieder neu: Den Weg zu großen Zielen kann man nicht mit kleinen Schritten beschreiten. Um Mitarbeiter zu großen Schritten zu ermutigen, können Mitarbeiter einen Teil ihrer Arbeitszeit darauf verwenden, eigne Ideen zu entwickeln und innovativ umzusetzen. In solche Eigenprojekte fließt eine starke Eigenmotivation mit Innovationseffekten. Und darum geht es dem Erfinderunternehmen, denn man liebt große Wetten auf die Zukunft. Diese sind nicht immer sofort einzulösen, denn im Zweifelsfall gilt, wenn man eine interessante Technologie entwickelt hat, lässt sich damit irgendwann auch Geld verdienen.

3.3 Das Kernprodukt: Die Suchmaschine

Die meisten Menschen kennen von Google nur die Suchmaschine, also das Ursprungs- und Kernprodukt. Täglich gehen 3,5 Milliarden Suchanfragen ein. Davon werden 525 Millionen, mithin 15 Prozent, erstmals gestellt. Diese Suchmaschine ist ein System von mehr als 1.000 Computern, die an einer Suchanfrage mitwirken. Selbst die schärfsten Kritiker von Google gestehen die faszinierende Leistung des Suchsystems ein. Es ist nicht überzogen, sie als ein sich fortsetzendes Weltkulturerbe zu bezeichnen. In einem Offenen Brief des Vorstandsvorsitzenden der Springer AG, Mathias Döpfner, zur Macht von Google schrieb dieser: *„Vergesst Big Brother – Google ist besser.“*[12] Das zeigte sich auch im Urteil der Nutzer und damit im Ranking der Zugriffe.

Anteil an Suchanfragen

In Deutschland %		Weltweit %	
Google	90,47	Google	72,68
Bing (Microsoft)	6,14	Bing	11,94
		Baidu (China).	11,72

Google macht keine Angaben zur Anzahl der indexierten Bilder und Dokumente im Suchmaschinensystem. Begründung: Es existiere keine eindeutige Zählweise. Die letzte Zahl stammt aus dem Jahr 2012. Sie wurde mit 30 Billionen URLs beziffert, wovon mehr als 20 Milliarden durchschnittlich täglich gecrawlt werden.

3.4 Innovationssprünge im Eiltempo

In den Anfangsjahren hatte die Suchtechnologie Verständnisschwierigkeiten, die kontinuierlich beseitigt wurden. Durch den Einsatz von KI gab es einen weiten Sprung nach vorne. Zehn Prozent der Sucheingaben beinhalten Fehler. Viele davon werden erkannt. Die Suchtechnologie erkennt Doppeldeutungen von Wörtern, kann Synonyme zuordnen, Wörter und Sätze ergänzen, Grammatik korrigieren und Nachrichten, Bilder und Videos kombinieren. Im Zweifelsfall bietet das System bei Verdacht auf Falschschreibung eine Alternative: *„Did you mean:"* Neuerdings findet die Suchmaschine den Text zu Liedern, wenn die Melodie kurz vorgesummt wird. Ein Melodiefragment reicht, um das Lied auf den Bildschirm zu bringen. Ein nächster großer Schritt wird darin bestehen, dass Google Search nicht nur Fragen schneller und klüger beantwortet, sondern sich mit dem Nutzer unterhalten kann. Es gilt: Je mehr Fragen, desto bessere Antworten.

Pro Jahr werden etwa 1.000 leistungssteigernde Veränderungen an der Suchtechnologie vorgenommen. Google forscht und entwickelt im Eiltempo. Künstliche Intelligenz (KI) ermöglichte große Sprünge. Das Programm „Hummingbird" machte 2013 den Anfang. Mit ihm konnten nicht nur einzelne Worte innerhalb der Suche, sondern die gesamte Suchanfrage besser gedeutet werden. „Rank Brain" sorgte 2015 dafür, die menschliche Sprache, mithin Suchanfragen, noch besser zu verstehen. Statt jedes einzelne Wort einer Frage isoliert voneinander zu analysieren, erfasst RankBrain die gesamte Semantik einer Frage und versucht so, die Intention des Fragers zu verstehen. Als KI-System greift RankBrain dabei auf die Erfahrung mit früheren Suchanfragen zurück und stellt Verknüpfungen her. Die Algorithmen lernten eigenständig dazu und nahmen Anpassungen selbständig vor.

2018 erfolgte mit „BERT", ein weiterer Innovationssprung im Hause Alphabet/Google. Diese Technologie nutzt neuronale Netzwerke und NLP Natural Language Processing (NLP), um die menschliche Sprache besser verstehen und deuten zu können. Natürlich wird diese Technologie auch in Googles Suchsystem eingesetzt. Dabei wird ein geschriebenes oder gesprochenes Wort in Beziehung zu anderen Wörtern gesetzt und so der Gesamtkontext verständlich gemacht.

BERT ergänzt Hummingbird. Für manche Suchanfragen findet BERT Anwendung, für andere Rank Brain oder auch beide kombiniert. Der Algorithmus kann Suchanfragen jetzt noch besser verstehen und mit dem Content auf Webseiten in Zusammenhang bringen. Sehr komplexe Suchaufträgen muss man in mehrere Einzelanfragen aufteilen. Die Antworten sind dann zu einem Gesamtbild zusammenzubringen. Dank der ab 2022 verfügbaren „Multitask Unified Model-Technologie" (MUM) wird das zukünftig nicht mehr nötig sein. Hierbei handelt es sich um eine sogenannte Transformer-Architektur, die ab 2022 verfügbar sein wird. Sie ist tausendmal leistungsfähiger als BERTH und liegt in 75 Sprachen vor. Das Produkt versteht Informationen über Text und

Bilder hinweg und wird in naher Zukunft auf Video und Audio erweitert. Man stelle sich eine so formulierte Suchanfrage vor: *„Ich plane ein BWL-Studium in Norddeutschland. Welche Hochschulen sind empfehlenswert?"* Gegenwärtig noch hätte Google Probleme mit der Antwort. Zukünftig aber kann sich der Fragende über eine ausführliche Antwort freuen.

3.5 Datenkrümel und Datenbeifang

Auf seiner Homepage beschreibt Google seinen Geschäftszweck so: *„Das Ziel unseres Unternehmens ist es, die Informationen der Welt zu organisieren und allgemein zugänglich und nutzbar zu machen."* Das klingt gut. Aber mit Altvater Goethe darf man Zweifel anmelden: *„Die Botschaft hör ich wohl, allein mir fehlt der Glaube."* Solche Mission-Statements entsprechen dem Wahrheitsgehalt von Heiratsanzeigen.

Page und Brin waren Informatiker, aber keine Betriebswirte. Das wirkte auf ihr Denken und Handeln. Erkenntnisse aus den 3,5 Milliarden Suchanfragen pro Tag nutzte Google zur Verbesserung seiner Dienste, beispielsweise Tempo, Genauigkeit oder Relevanz. Erst nach 2000, im Gefolge der Dotcom-Blase, dachten die beiden Montessori-Schüler über eine profitable Neuausrichtung nach. Die Geldgeber im Hintergrund wurden nervös und wollten Gewinne sehen. Ergebnis: Man gab die bis zu diesem Zeitpunkt bestehende Abneigung gegen Werbung auf. Suchanfragen wurden nunmehr mit Werbung verknüpft, damals in Form kleiner Kästchen rechts oben neben der Suchliste. Wurden diese angeklickt, war es möglich, den „Klicker" zu identifizieren. Für diese Klicks mussten die Anzeigenauftraggeber bezahlen. Diese konnten nun dem Klickinteressenten eine auf dessen Person zugeschnittene Werbung übermitteln. Google leitete aus dem Surfverhalten Wahrscheinlichkeitsaussagen über Hobbys, Kaufverhalten und Interessen sowie Alter und Geschlecht ab, die im Laufe der Zeit zu immer umfangreicheren Persönlichkeitsprofilen genutzt wurden. Nicht nur auf Google Search, auf allen Google-Kanälen, Gmail, YouTube werden persönliche Daten gesammelt, mehr als notwendig, um die Dienste im Internet zu betreiben

Das war die kopernikanische Wende im Google-Geschäftsmodell. Man hatte den in einer Suchanfrage befindlichen „Rohstoff" als wertig erkannt. Dieser steckt im „Beifang", denn mit jeder Suchanfrage erfährt

Google, wer der Nutzer ist, wo er sich befindet, was ihn interessiert, wie intelligent er formuliert, wann er in der Regel anfragt, am Tage oder in der Nacht, welche Art von Rechner mit welchem Betriebssystem benutzt wird sowie die IP-Adresse des Rechners, nur um die wichtigsten Dinge zu nennen. Google verarbeitet täglich 3,5 Milliarden Suchanfragen. Wie weiter vorne erwähnt, werden mit Hilfe des Browsers Chrome auch persönlichen Daten von Menschen abgefischt, die den Suchdienst gar nicht nutzen. Schließlich sammelt Google auch persönliche Daten, die auf Webseiten eingegeben werden, selbst dann, wenn weder der Browser noch Google Search genutzt wurden.

3.6 Blick in die Zukunft mit Vorhersageprodukten

Der Beifang von Suchanfragen ist nicht nur zur Verbesserung von Diensten nützlich. Anders als beim Fischfang wird er nicht über Bord gekippt. Andere könnten sich für ihn interessieren. Man sollte ihn algorithmisch mit anderen Daten verknüpfen oder korrelieren und so weitere, sozusagen „synthetische" Informationen generieren. In den alchemistischen Laboren der Digitalwirtschaft werden sie zu „Vorhersageprodukten" verarbeitet, so der von der Harvardprofessorin Shoshana Zuboff geprägte Begriff für diesen Vorgang. Vorhersageprodukte sind eine Aussage darüber, wie wir zukünftig denken und handeln, was wir fühlen und kaufen werden. Um das zu leisten, sind große Datenmengen, selbst nebensächliche Daten erforderlich. Gibt jemand den Begriff „Grippe" in die Suchmaschine ein, zeigt er damit sein Interesse am Thema, offenbart seine IP-Nummer und die Computermarke. Geben eine Million Chinesen den Begriff Grippe ein, kann auf eine herannahende Grippewelle und die Nachfrage nach Medikamenten und Impfstoff geschlussfolgert werden.

Auf ähnlicher Grundlage war es dem kanadischen Seuchenspezialisten Bluedot möglich, den Ausbruch der Corona-Epidemie in China schon im Dezember 2019 vorauszusagen. Der Algorithmus des Unternehmens durchsuchte das Internet und diverse Datenbanken nach Meldungen zu Krankheiten, „durchforstete" regionale Nachrichten in 65 Sprachen, analysierte Gesundheitswarnungen, Foren und Blogs, aggregierte diese und gab Prognosen ab. Beim Ausbruch des Ebola-Virus 2016 traten Bluedots Voraussagen sechs Monate später ein.

Für diese Art von Vorhersageprodukten interessiert sich die Pharmaindustrie. Die Informationen sind für die global agierende Pharmaindustrie Gold wert. Sie wird die Produktionsmaschinen hochfahren und den Vertrieb aktivieren. Die Planung wird bis auf den einzelnen Menschen heruntergebrochen. Aus dessen Netzverhalten lassen sich vielfältige Rückschlüsse auf seine Persönlichkeit, seinen Wohnort, seine Kaufkraft, seine Interessen und Vorlieben, seine Lebensgewohnheiten und vieles mehr ziehen. Er kann gezielt mit Waren, Wahlpropaganda und Angeboten mannigfaltiger Art beworben und manipulativ beeinflusst werden, wie es 2018 der Skandal um Cambridge Analytica zeigte. Wir werden, wie einst ganze Kontinente von den Kolonialmächten, kartografiert. Die Analyse des Beifangs von Suchanfragen und das Herumschnüffeln in den E-Mails von Gmail-Nutzern sind das eine, die Standortüberwachung das andere.

Im August 2018 veröffentlichte die Vanderbilt University Tennessee eine empirische Studie, nach der ein nicht bewegtes Android-Smartphone innerhalb eines Tages 340 Mal den Standort an Google sendet. Standortdaten ermöglichen es, den Tagesablauf einer Person nebst Aufenthaltsorten und -dauer zu rekonstruieren. Selbst wenn der Nutzer die Standortabfrage deaktiviert, bleibt er unter Beobachtung von App-Anbietern, dessen Apps sich auf seinem Smartphone befinden. Wird das Handy bewegt, steigert sich die Übermittlungsquote. Die empfangenen Signale können mit schon gespeicherten Nutzerdaten verknüpft werden. „Location data companies" kaufen die Daten, um sie an jene Unternehmen oder Organisationen weiterzuverkaufen, die sich für das Alltagsverhalten von Menschen, vorzugsweise Konsumenten, interessieren. In einer am Bundesgericht San Francisco eingereichten Sammelklage wird dem Unternehmen die Verletzung der Privatsphäre von Nutzern gegen deren Willen vorgeworfen.

Google sammelt nicht nur Inhalte aus dem Internet auch die Bücher maßgeblicher Bibliotheken der Welt werden eingescannt. So hat die Bayerische Staatsbibliothek schon 2007 mit Google einen Vertrag geschlossen, auf dessen Basis die urheberrechtsfreien Altbestände der Bayerischen Staatsbibliothek bis heute digitalisiert werden. Bis 2020 wurden ununterbrochen über eine Million Titel erfasst und weltweit kostenlos zur Verfügung gestellt.

3.7 YouTube, Skype und MasterCard als Datenquellen

In Googles Jugendjahren wurden alle aus Suchanfragen generierten Daten genutzt, um das Produkt Suchmaschine zu optimieren. Dann aber erkannten die Macher, dass sie infolge von Suchanfragen Beifang im Netz hatten. Das galt in noch stärkerem Maße für YouTube, von Google 2006 aufgekauft. Ein fünf Minuten angeschautes Video verrät mehr über den Menschen als die Eingabe eines Begriffs in die Suchmaschine. Schaut sich jemand einige Clips über die Insel Ibiza an, könnte das sein angedachtes Urlaubsziel sein. Geschieht das einige zehntausendmal, interessiert das Reiseanbieter, Fluggesellschaften und die Touristikplaner der Balearen. 2019 musste YouTube 170 Millionen USD Strafe zahlen, weil entgegen gesetzlichen Vorschriften persönliche Informationen von Kindern gesammelt wurden. Ein Gesetz aus dem Jahr 1998 verbietet es, Daten von Kindern unter 13 Jahren zu sammeln. Mit diesen Daten sollten gezielte Werbeanzeigen verbreitet werden.

Skype, seit 2011 eine weitere Google-Tochter, hilft bei der Emotionsanalytik. Anhand der Videos analysieren Algorithmen bei welchen Themen Menschen, beziehungsweise Konsumenten, glücklich oder traurig dreinblicken. Bekanntlich lassen sich Angebote mit emotionaler Verpackung besser verkaufen als solche in verbalem Packpapier. Noch mehr verrät das verbotene, aber dennoch praktizierte Herumschnüffeln in den E-Mails von Googles Mail-Nutzern.

Digitale Überwachung wird allen Beschwichtigungen zum Trotz raffinierter, umfassender und gesellschaftsfähiger. Im Sommer 2014 war weltweit nachzulesen, dass Google ein psychologisches Experiment an 690.000 Anwendern durchgeführt hatte, mit dem die Manipulierbarkeit ihrer Gefühle getestet wurde. Mittels angenehm wirkender Worte wurden die Testanden zu ausgesuchten Werbelinks geführt. Diese wussten nichts von ihrer Testrolle. Normalerweise hätten sie ihre Zustimmung dazu geben müssen. Im Grunde sind wir, insbesondere jüngere Menschen, Teilnehmer des ersten weltweiten Experiments in Sachen Menschenschwarm. Social Media lautet der Projekttitel. Wir werden auch nicht gefragt, wenn die beiden Datenkescher Google oder Facebook mittels ausgefeilter Algorithmen auf der Basis der gespeicherten Daten unseren digitalen Doppelgänger kreieren. Als algorithmische Laborratten werden wir Versuchen ausgesetzt, beispielsweise, wie wir auf Kaufanreize reagieren. Googlenomics will zukünftiges Verbraucherverhalten voraussagen, um mehr Anzeigen zu verkaufen.

Je tiefer die Algorithmen in die Psyche eines Menschen eindringen, umso größer die Gefahr, dass Homepagebesucher, ähnlich Haustürgeschäften, überrumpelt werden. Hierzu Gerd Billen, Staatssekretär im Justizministerium: *„Überrumpelung geschieht ja nicht nur beim Haustürgeschäft: Sie kann auch geschehen, indem ein Unternehmen ein psychologisches Profil von mir kennt und mir Dinge im richtigen Moment anbieten oder sogar unterjubeln kann.“*[13] Denkbar ist aber auch ein fehlerhaftes Profiling, das dem Nutzer Nachteile bereitet.

Wenn der Datenhunger von Google & Co noch nicht gestillt ist, besteht die Möglichkeit, Daten von Unternehmen hinzuzukaufen, deren Tätigkeit mit Datenschöpfung verbunden ist. 2018 überschritt Google mit seinem Zugriff auf die Daten von Mastercard-Kunden eine rote Linie. Wenn jemand online eine Anzeige anklickte, um mehr über das beworbene Produkt zu erfahren, es aber nicht bestellte, sondern es später im Ladengeschäft erwarb und mit Mastercard bezahlte, wurde Google hierüber informiert. Es ging Google darum, festzustellen, ob Klicks auf eine Werbeanzeige später zu einem Kauf beim inserierenden Unternehmen führten. Das Kreditkartenunternehmen gab bereitwillig Auskunft und ließ sich das mit vielen Millionen USD bezahlen. Damit wollte Google sein Werbegeschäft gegen Konkurrenten wie Amazon stärken. Der Konzern glich die Daten aus diesem Vorgang mit vorhandenen Daten über den Käufer ab und gab sie an seine Werbekunden weiter, die starkes Interesse am Offline-Kaufverhalten hatten und haben. Hatte der Kunde das Produkt erworben, galt die Werbeanzeige als Erfolg. Google beanspruchte vom Händler und von Mastercard einen Anteil der Kaufsumme, was aber strittig war. Diese Art der Datenschöpfung wurde in den USA als rechtswidrig zunächst unterbunden. Wie lange hält dieser Richterspruch?

3.8 Aus Beifang Vorhersageprodukte machen

Von 2002 an wurden die aus Beifang generierten Daten und gespeicherten Persönlichkeitsprofile immer umfangreicher und damit aussagekräftiger. Aber als „Lagerware“ hatten sie keinen Wert. Darum wurden sie zur Handelsware, die man werbeaktiven Unternehmen anbot. Ihr Wert besteht darin, Streuverluste der Werbung zu vermeiden.

Die Suchmaschine Google entwickelte sich so zu einer Werbe-, Überwachungs-, Vorhersage- und Einflussnahme-Maschine. Google-Forscherin Zuboff verwendet in diesem Zusammenhang den Begriff „Vorhersageprodukte". Mit streng geheimen Algorithmen, die unter dem Titel „Generierung von Nutzerinformationen zur Nutzung in der zielgerichteten Werbung" zum Patent angemeldet wurden, nahm Google nunmehr auf das Verhalten von Nutzern Einfluss, indem diese passgenaue Werbung erhielten. Statistik und Mathematik verdrängten das „gute Näschen" und das Bauchgefühl von Art-Directoren in Werbeagenturen.

Ähnliches gilt für Facebook oder Amazon. Ohne Wissen der Betroffenen wurden und werden Persönlichkeitsprofile erstellt, für die sich Wirtschaft, Politik und selbst Geheimdienste interessieren. Diese Daten erlauben recht präzise Vorhersagen über Kaufgewohnheiten und zukünftiges Verhalten klickfreudiger Datenproduzenten, die nichts von ihrer Rolle wissen. Solche „user profile informations" sind für das Marketing der Social Media Anbieter das Ei des Kolumbus. Das beweist der exorbitante Anstieg der Google-Erfolgszahlen. So stieg der Umsatz der Googlenomic von 2002 bis 2004 um sagenhafte 3950 Prozent (einzige veröffentlichte Aussage). Auf den Werbeumsatz entfielen 116 Milliarden USD. Die Aktie entwickelte sich von 85 USD 2004 auf 1165 US- USD 2019. Der 2018er Nettogewinn belief sich auf 30 Milliarden USD.

Google-Forscherin Shoshana Zuboff belegt den Beifang von Daten mit dem wenig glücklichen Ausdruck „Verhaltensüberschuss". Das ist der Anteil an Daten, der zunächst nicht zur Verbesserung der Suchmaschine genutzt wird. Aber Beifang kann auch wirtschaftlich genutzt werden, vielleicht nicht sofort, aber bei Bedarf. Im Beifang stecken Informationen, die Vorhersagen über Nutzerverhalten und -bedürfnisse ermöglichen. Daraus ergeben sich Vorhersageprodukte für die Wirtschaft. Großindustrie und Handelsketten, Banken und Versicherungen, Politik und Großorganisationen wissen nun, was in den Köpfen von Konsumenten vorgeht, was sie kaufen oder wählen und wie sie berechenbar und manipulierbar werden. Der Überwachungs-kapitalismus begann seinen Beutezug. Aus der Beute ergeben sich gänzlich neue Geschäftsfelder. Wissenschaftler aus dem Hause Microsoft gaben 2017 bekannt, dass die Verbesserung der Genauigkeit des digitalen Beifangs von 0,1

Prozent zusätzliche Erträge von Hunderten Millionen USD generiert.[14]

Dem Datenkapitalismus geht es nicht mehr um die Beherrschung der Natur so wie einst dem Industriekapitalismus, sondern um die Beherrschung des menschlichen Wesens. MIT-Professorin Zuboff schreibt: *„Der Brennpunkt hat sich verschoben: von Maschinen, die die Grenzen des Körpers überwinden sollten, hin zu Maschinen, die das ubiquitäre Wissen dazu einsetzen, im Dienste von Marktzielen das Verhalten von Einzelnen, Gruppen und Populationen zu verändern.“*[15] Der Wert des Datenbeifangs wird mit 10 Milliarden USD beziffert. Auf dem Markt der Vorhersageprodukte ist der Mensch als Lieferant von Verhaltensdaten nur noch eine kostenlose, aber profitable Rohstoffquelle. Und er liefert ununterbrochen Daten, nicht nur durch Eingaben in die Suchmaschine. Dafür sorgen das Internet der Dinge und die digitale Umgebungsintelligenz.

3.9 Daten als Zahlungsmittel für IT-Gratisleistungen

Googles Siegeszug begann mit der allen PC-Nutzern bekannten Suchmaschine, wurde dann aber ausgedehnt. Daten ließen sich nicht nur aus dem Beifang von Suchanfragen gewinnen, sondern gleichfalls aus Text- und Bildbearbeitung, Speicherung, Übersetzungen, E-Mails, Standortbestimmungen, Gesichtern und Ähnliches mehr. Wenn Google einfach nur eine Suchmaschine wäre, warum investiert der Konzern dann in Smart Home, in fahrerloses Fahren, YouTube, Landkarten oder Überwachungs-brillen, um nur einige aus 150 Angeboten zu nennen. Warum schenkt Google der Smartphonewelt sein Betriebssystem Android? Warum wurden für Street View 5000 Straßenmeilen abgefahren? 2010 gab der deutsche Bundesbeauftragte für den Datenschutz bekannt, dass es sich bei Street View um eine verkappte Datenerfassung handelt, zumal auch Daten aus privaten WLAN-Netzwerken erfasst wurden. Auch beim fahrerlosen Auto geht es nicht um die Bequemlichkeit, sondern um die Nutzungsdaten. Mobilitätsdaten sind ein Premiumprodukt auf dem Datenmarkt.

In den Algorithmen steckt die Kopfarbeit gut bezahlter Informatiker. Die Forschung und Rechenzentren verschlingen Hunderte Millionen USD. Es macht stutzig, dass Google die meisten seiner Dienste gratis anbietet. Woher also kommt der enorme Return on Investment (ROI)?

Die Antwort: Er fließt aus Milliarden von Daten, die die Digitalwirtschaft weltweit schöpft und auf Datenmarktplätzen verkauft. Den Rohstoff hierzu liefern Millionen von Menschen, die sich der „Liebesgaben" von Google & Co bedienen. Das ist die Geschäftsgrundlage: Deine Daten gegen Gratisservice, gegen kostenloses Gmail, YouTube, Search, Maps und andere mehr.

KI-Forscher Iyad Rahwan berichtet im SPIEGEL-Interview, dass in Forschungslabors längst an Technologien gearbeitet wird, die einen Einblick in private Rohdaten verhindern könnten. Wir müssten dann allerdings bereit sein, für Suchmaschinen, Routenplaner und andere Dienste zu bezahlen. Aber ohne öffentlichen Druck wird es keine solchen Lösungen geben, denn kein Unternehmen wird freiwillig auf den eigentlichen Schatz im Onlinegeschäft, auf die Daten seiner Kunden, verzichten.[16]

Um in den Besitz von Daten zu gelangen, soll Alphabet/Google, so die Meinung von Insidern, jährlich Milliarden von USD dafür zahlen, dass Google die voreingestellte Suchmaschine auf Smartphones ist.

3.10 Die Bedeutung von KI für Google

Alle bedeutenden IT-Konzerne forschen mit großem Aufwand an KI. Doch die Projekte des Suchmaschinengiganten aus dem Silikon Valley erscheinen ambitionierter, mutiger und umfassender als das, worüber Wissenschaftler bei Microsoft, Facebook oder Apple arbeiten. Google CEO, Sundar Pichai, sagt hierzu: *„KI ist eine der wichtigsten Sachen, an denen die Menschheit arbeitet. Tiefgreifender als Elektrizität oder das Feuer"*[17]. Er hat seinen Konzern auf eine „KI first"-Strategie eingeschworen. Jedes Google-Produkt soll mit KI behaftet sein und den Menschen im Alltag helfen. Um das zu leisten wurde der Bereich „Google Research" 2018 in „Google AI" (oder Google.ai) umgewandelt. Künstliche Intelligenz soll Google dabei helfen, die Funktionalität aller angebotenen Dienste zu verbessern. Das KI-Department definiert seinen Daseinszweck als unentgeltlicher Bereitsteller von KI. Der Fokus liegt auf Lösungen für humanitäre und ökologische Herausforderungen sowie den Bildungssektor. Mehr als 6.000 Lösungsvorschläge liegen in einer öffentlich zugänglichen Datenbank.

Hauptaufgabe ist, die sogenannten Tensor-Prozessoren (Tensor Processing Units-TPU) zu pflegen und zu optimieren. Das sind anwendungsspezifische Chips, die genutzt werden, um Daten in künstlichen neuronalen Netzen zu verarbeiten. Sie wurden als KI-Basis für alle Google Services speziell für die Softwaresammlung TensorFlow entworfen. Ihr Leistungsvermögen wurde im Wettkampf zwischen dem weltbesten Go-Spieler und der AlphaGo-Maschine sichtbar.

Die TensorFlow Research Cloud bietet Forschern ein kostenloses Cluster von 1.000 Cloud-TPUs, auf denen sie Anwendungs-möglichkeiten von KI erforschen können. Voraussetzung ist, dass es sich um Open Source-Forschung handelt, deren Ergebnisse in Fachzeitschriften abrufbar sind.

Im Kern besteht Googles KI-Bereich aus acht großen Entwicklerteams und deren Unterteams. Alle KI-relevanten Themen sind hier abgedeckt. Die Expertise vieler externer Wissenschaftler fließt hier ein. Die wenigsten wissen, dass Google ein deutlich größerer Konzern ist als es die Suchmaschine, Gmail, Google Play, Google Drive, Android und Chrome vermuten lassen. Die Liste der Dienste ist lang und wird immer länger. Wir können uns auf selbstfahrende Autos, Sendeballons, Lieferdrohnen und vieles mehr einstellen. Alles, was diesbezüglich geschieht, ist mit KI vielfältig verwoben und ohne KI nicht denk- und machbar.

Das Kerngeschäft ist und bleibt wohl noch lange die Suchmaschine. In Deutschland beantwortet sie 90 v.H. aller Suchanfragen im Internet. Google nimmt jährlich 3.200 Optimierungen vor. Vieles steht und fällt mit ihrem Leistungsvermögen. Auf Platz zwei steht das Google Chrome-System, das mit Edge, Firefox und dem Internet Explorer um die Gunst von Web-Nutzern konkurriert. Viele Menschen besitzen ein Smartphone oder tragen eine Smartwatch, die über das Betriebssystem Android laufen. Über Googles Play Store werden nicht nur Apps und Spiele angeboten, auch Bücher, Magazine, Filme und Musik. Mit jedem Klick klingelt es in der Google-Kasse. Das gilt ebenso für die über YouTube realisierten Werbeeinnahmen.

3.11 Alphabet/Google-Produkte

Die nachfolgend genannten Produkte geben einen Einblick in die Vielfältigkeit der Google-Aktivitäten. Dieser Überblick ist aber nur ein Teil der Wahrheit, denn Google ist dabei, sich vielfältig zu diversifizieren. Das mag einer der Gründe dafür sein, dass sich Google 2015 restrukturierte und sich seitdem Alphabet Inc. nennt. Google selbst ist eines von diesen 14 Tochterunternehmen.

Die nachfolgende Übersicht ist aber nur ein Teil der Wahrheit, denn ständig kommen neue Produkte und Angebote hinzu.

Google-Produkte und Services nebst Zweck

Ad Grants Google	ADS für gemeinnützige Organisationen
AdSense	Geld verdienen mit der eigenen Website
Ads Online	Werbung schalten und steuern
Ads App	Werbeanzeigen vom Mobil Gerät aus steuern
Ads Editor Offline	Verwaltungszentrale von Google
Alerts	Persönlicher Benachrichtigungsdienst
AdMob	Macht das App-Geschäft profitabel
Analytics	Kundeinformationen
Analytics App	Kennzahlen auch mobil im Blick behalten
Analytics 360°-Suite	Integration verschiedenster Datenquellen
Android	Handy Betriebssystem
Android Auto	Google auch im Pkw
Blogger	Bloggen leicht gemacht
Books	Digitale Bibliothek
Business View	Interaktive 360° Video Tour
Cardboard	Virtuelle Realität zum greifen nah
Chrome	Internet Browser mit diversen Funktionen
Chromebooks	Chrombooks von Google
Chromebox	Kleiner PC basierend auf Chrome
Chrome Music	Lab Musik komponieren
Chromecast	Streaming-Mediaplayer
Cloud Plattform	Google-Cloud für Entwickler
Cloud Print	Druckerzugang von überall und jedem Gerät
Data Studio	Visualisierte und interaktive Berichte erstellen
Daydream	Virtual Reality mit Google Daydream
Google Docs	Textverarbeitung für Teams
Drive	Daten in der Tasche
Duo	Video Messenger
Earth	Die Welt aus der Vogelperspektive
Finance	Börsen Datensammlung
Flights	Urlaubsplanung
Gboard	Direkte Suche über die Tastatur

Gmail	E-Mail Account von Google
Glass	Tragbare Computerbrille
Google+	Googles Netzwerk
Google+ Create	Kreative Posts vom Google+-Profil
Google Fonts	Vorteile von Google Fonts
Google Foto	App Speicherplatz für Fotos
Google Formulare	Umfragen erstellen und auswerten
Google G Suite	Office Suite für alle Anforderungen
Google Home	Eine Art Haushaltshilfe
Google Inbox	E-Mail Verwaltungstool
Google Keep	Neue Ideen festhalten
Google Lens	Die Welt entdecken mit Google Lens
Google My Maps	Eigene Karten anlegen
Google Tabellen	Tabellen erstellen
Google Tag Assistant	Prüfung ihrer Tags
Google Task	Aufgaben Planung
Google Web Designer	Eine Idee auf allen Bildschirmen
Google web.dev	Eigene Webseite bauen
Groups Online-Gruppen	Verteilerlisten erstellen
Hangouts	Mit Bekannten im Kontakt bleiben
Hangouts Meet	Videokonferenz durchführen
Kalender	Terminverwaltung
Kontakte	Kontakte online
Local Guides	Lieblingslocation mit anderen teilen
Maps	Routenplaner
Google Meet	Konferenzen
Merchant Center	Werkzeug für Händler
My Activity	Transparenz für Suchende
My Business	Business sichtbar und auffindbar machen
News	Nachrichten
Nik Collection	Alte Bilder neu entdecken
Google Notizen	Aufgaben und Ideen notieren
Optimizer	Kostenloses A/B Testing-Tool
Pixel	Google Smartphone
Play Music	Music Streaming-Dienst
Google Präsentation	Präsentationstool
Project FI	Schaltet auf das signalstärkste Netzwerk um
reCAPTCHA	Unterscheidet Menschen von Computern

Sammlungen	Ordnungstool für GooglePlus-Beiträge
Search Appliance	Intranet-Optimierung
Search Console	Tool für Webseiten Betreiber
Shopping	Werbeplattform für Händler
Street View	Straßenansichten
Surveys	Marktforschungstool für online-Umfragen
Tag Manager	Website-Codeverwaltung
Test my Site	Schnelligkeit der eigenen Website
Google Cemetery	Liste der toten Google-Produkte
Translate	Universalübersetzer
Trends	Trends der Suchanfragen
Page Speed	Ladegeschwindigkeit der eigenen Website
Trips	Reise-App für den Urlaub
PhotoScan	App zum Digitalisieren von analogen Bildern
URL Builder	URL-Builder für Kampagnen-Tracking
VirusTotal	Virenscanner von Google
Wallet Online	Brieftasche
Waze	Navigation
Wifi	WLAN mit Google
YouTube	YouTube-Videos

3.12 Alphabet/Google-Tochterunternehmen

Im August 2015 gab Google-Gründer Larry Page unerwartet die Gründung einer Holding mit dem Namen Alphabet bekannt. Es ging ihm darum, das immer weiter ausufernde Geschäft von Google zu bereinigen und die Grundlage für die weitere Expansion zu legen. Laut Google-Gründer Larry Page ist Alphabet nunmehr eine "Ansammlung von Firmen", wobei Google die größte davon ist. Neuer CEO wurde Sundar Pichai. Die Firmen sind wie folgt aufgeteilt (Stand Oktober 2019):

Zu Google gehören weiterhin: die Internetdienste von Google (Search, Ads, Maps, Cloud, Gmail usw.), das Betriebssystem Android, die Hardware-Abteilungen von Google (Chromecast, Pixel usw.) sowie u.a. die Firmen YouTube, HTC (teilweise), reCaptcha, FeedBurner.

Zu Alphabet gehören: Access & Energy (Internetnetzwerk), Calico (Biotechnologie), Chronicle (Cybersecurity), Deepmind (künstliche Intelligenz), Capital (Bank), Google Fiber (Glasfasernetz), Google

Ventures (Risikokapitalgesellschaft), Jigsaw (Technologie-Inkubator, ehem. Google Ideas), Loon (Internetnetzwerke via schwebende Ballons), Sidewalk Labs (Innovation im Bereich Städtebau), Verily (Gesundheitstechnik), Waymo (autonome Autos), Wing (Lieferdrohnen) und X (Forschungsabteilung von Alphabet).

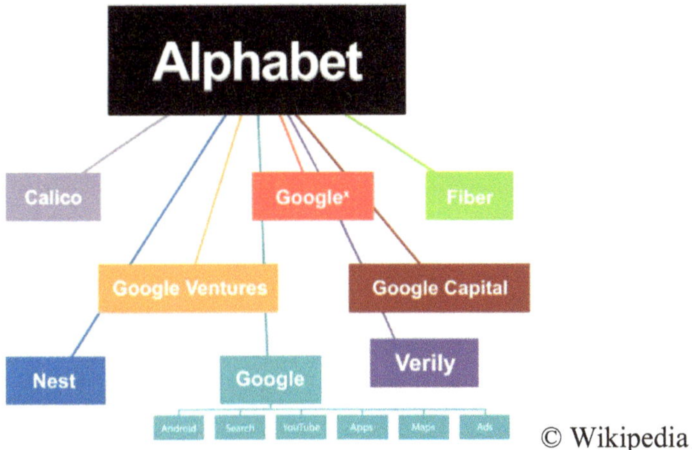

© Wikipedia

Überblick zu den Geschäftsfeldern der wichtigsten Tochterfirmen.

.

Acces & Energy

Dieser Bereich hat die Aufgabe, günstiges Internet in die Teile der Welt (derzeit noch zwei Drittel) zu bringen, die noch keinen Internetzugang haben. Das dient u.a. der Erschließung neuer Märkte.

Calico

Die California Life Company – kurz Calico – ist ein 2013 gegründetes Biotechnologieunternehmen mit Sitz in San Francisco. Arbeitsschwerpunkt sind Methoden gegen das Altern des Menschen. Larry Page definierte den Fokus des Tochterunternehmens so: „Gesundheit, Wohlbefinden und Langlebigkeit". Seit 2014 kooperiert Calico mit dem US-Pharmakonzern Abbvie und hat mit ihm zusammen ein Forschungszentrum im Silicon Valley gebaut.

CapitalG

Hierbei handelt es sich um einen 2013 gegründeten Wagniskapital-geber, bzw. Wachstumsfonds mit Sitz in Mountain View. Zu den Kunden gehören vorwiegend Technologieunternehmen in der Wachstumsphase. CapitalG hat seit seiner Gründung etwa drei Milliarden USD in 45 Unternehmen investiert, darunter den Fahrdienst Uber, Airbnb, Snapchat, freshworks und Credit Karma. Das jährliche Investitionsziel beträgt 300 Mio. USD.

DeepMind

Dieses Tochterunternehmen wurde 2010 gegründet und 2014 für 400 Millionen USD von Alphabet/Google übernommen. DeepMind ist mit seinen mehr als 1.000 Mitarbeitern auf die Entwicklung von selbstlernender KI spezialisiert. Weltweite Aufmerksamkeit erhielt die Firma als die von ihr entwickelte Software AlphaGo den weltbesten Go-Spieler besiegte. Zu Beginn des Jahres 2019 wurde Alpha Star vorgestellt. Hierbei handelt es sich um ein Programm, welches das Strategiespiel „StarCraft II" spielt. Ähnliche Bewunderung erhielt DeepMind 2021 mit seinen Erkenntnissen zur sogenannten Proteinfaltung, die weiter hinten in diesem Abschnitt dargestellt sind.

Google

Google ist mit großem Abstand Alphabets bekannteste Tochter. Unter dem Namen Google wurden die Suchmaschine, das Werbegeschäft, die Gerätesparte, das Cloudbusiness, YouTube und Android gebündelt. Außerdem gehören mittlerweile auch die Smartphonefirma und die IT-Sicherheitsfirma zu Google. Die Bekanntheit des Tochterunternehmens brachte ihr sogar einen Eintrag im Duden ein. Dort findet man jetzt das Verb „googeln". Die Tochterfirma ist für 79 Services und Produkte zuständig, darunter Google-Suche, Maps, Übersetzer, Chrome, Search, YouTube, Play, Ads, Google TV, Chrommecast, Nest WiFi, Pixel, Smart Home, reCAPTCHA, Android, Wear OS, Gmail, Messages, Fotos, Kontakte, Kalender, Notizen.

Google Fiber

Google Fiber offeriert und installiert in den USA schnelle Internetanschlüsse. Dafür wird ein Hochgeschwindigkeitsglas-fasernetz benötigt, bei welchem dann Up- und Downstream gleich schnell funktionieren sollen. Da sich ein solches Netz noch in der Aufbauphase befindet, ist der Dienst derzeit nur in den folgenden Orten verfügbar: Atlanta, Austin, Charlotte, Chicago, Denver, Huntsville,

Kansas City, Miami, Nashville, Oakland, Orange County, Provo, San Antonio, San Diego, San Francisco, Salt Lake City, Seattle und The Triangle. Aus Kostengründen verzichtet Google Fiber auf Tiefbauarbeiten und nutzt stattdessen bereits bestehende, oberirdische Stromleitungen.

Jigsaw

Dieses ist ein Technologie-Inkubator mit Firmensitz in New York City. Jigsaw arbeitet an Technologien, mit deren Hilfe globale Herausforderungen bewältigt werden können, etwa die Bekämpfung von Extremismus, die Abwehr von Cyber-Attacken und Online-Zensur bis hin zum Schutz des Zugangs zu Informationen.

Loon

Loon war ursprünglich ein Projekt des Geheimlabors X. Es wurde 2018 in ein eigenständiges Unternehmen überführt. Diese Google-Tochter arbeitet an Heliumballons, die in 20 Kilometer Höhe, mit Antennen ausgestattet, abgelegene Regi-onen der Welt mit Internet versorgen sollen. Sie können selbstständig auf- und absteigen und die passende Flugrichtung einschlagen. Hierzu werden sie untereinander kommunizieren. Die Versorgung mit Energie wird durch Solarzellen gewährleistet. Seit Anfang 2019 hat Loon einen Deal für die kommerzielle Nutzung solcher Heliumballons in Kenia.

Sidewalk Labs

Zweck und Ziel von Sidewalk Labs, gegründet 2015, ist es, die städtische Infrastruktur durch technologische Lösungen zu verbessern und Themen wie Lebenshaltungskosten, effizienter Transport und Energieverbrauch anzugehen. An der Spitze steht Daniel L. Doctoroff, ehemaliger stellvertretender Bürgermeister von New York. Dort befindet sich auch der Firmensitz dieser Denkstätte.

Verily

Verily forscht im Bereich Biowissenschaften. Wie Loon war das Unternehmen bis zum Jahr 2015 eine Abteilung von Google X und wurde dann als Tochterunternehmen ausgegliedert. Zu den bekannteren Projekten des Unternehmens gehören eine Kontaktlinse, die den Blutzuckergehalt messen kann - wobei Verily das Projekt vor der Fertigstellung einstampfte - und ein Armband, das Krankheiten erkennen soll. Intelligente Schuhe dienen der Gesundheitsverfolgung und Sturzerkennung.

Waymon

Waymo begann 2009 unter dem Namen „Google Driverless Car"
ein Projekt zu autonomen Fahrzeugen, die erstmals 2017 fahrerlos
fuhren. Momentan noch werden sie aber nur in einem gering besie-
delten Vorort der US-Stadt Phoenix eingesetzt.

Wing

Wie auch Waymo und Loon startete Wing als ein Projekt von
Google X. 2018 wurde es zum eigenen Unternehmen und so zur Alp-
habet-Tochter. Es entwickelt Drohnen zur Zustellung kleinerer
Pakete. Im Januar 2019 startete Wing ein Pilotprojekt in Australien.
2019 genehmigte die amerikanischen Luftfahrbehörde den Lieferdienst mit Drohnen. Das ermöglicht Wing seine Drohnen nun in
Kooperation mit der Drogerie-Kette Walgreens zu testen.

X

Die Forschungsabteilung bzw. das Innovationslabor des Konzerns
firmiert als Tochterunternehmen unter dem Buchstaben „X". X steht
für das Unbekannte, nach dem gesucht wird. An der Spitze steht
Googles Unternehmensgründer Sergey Brin. Allgemein wird die X-
Abteilung als Googles-Geheimlabor bezeichnet. Hier wurden und
werden technologische Zukünfte eingeleitet und bearbeitet. Man will
die Zukunft der Menschheit gestalten. *„Unsere Gründer Larry Page
und Sergey Brin wollten die Welt schon immer radikal verändern, so
schnell und so umfassend wie möglich"*, sagt Astro Teller, Leiter von
Google X.[18]

Googles Zukunftsprojekte laufen unter dem Begriff „Moonshot".
Er lehnt sich an die Ankündigung des US-Präsidenten John F. Ken-
nedy an, der zu Beginn der 1960er Jahre eine bemannte Raumfahrt
versprach. Schrittgeber ist die vorstehend erwähnte 10x-Thinking-
Philosophie von Larry Page. Von ihm stammt der Satz *„Es gibt kaum
Konkurrenz beim Erforschen technologischer Grenzen, weil niemand so verrückt ist, es zu versuchen."*[19]

Ein Geheimlabor arbeitet seiner Bezeichnung entsprechend geheim. Geheimer als mancher Geheimdienst. Man weiß nicht wie
viele Beschäftigte Google X hat. Manche Schätzungen sind dreistel-
lig. Auch sind der genaue Standort und die Arbeitsstätten unbekannt.
Nichts dringt nach außen. Erst mit der Produkteinführung erfährt
man, an welchen Projekten gearbeitet wurde. Nur die Rekrutierung
von bekannten Wissenschaftlern gibt Hinweise auf

Themenschwerpunkte. So wurde Geoffrey Hinton angeworben, um die Arbeitsweise von Neuronenverbindungen im Gehirn nachzuahmen. Er leitet innerhalb von Google X den Projektbereich Google Brain, dem die Welt Dutzende auf KI beruhende Innovationen verdankt. Auch das „Project Loon" läuft hier, bei dem es um Internetdienste unter Zuhilfenahme von Ballonen in der Stratosphäre geht. Das erste rein autonome Auto wird wohl aus den Laborräumen der Abteilung X rollen. Die flächendeckende Paketauslieferung per Drohne scheitert bisher noch an luftfahrt-rechtlichen Bestimmungen. Google Glass, eine AR-Brille, missglückte aufgrund ihres Designs, ebenso eine digitale Kontaktlinse zur Messung des Blutzuckerspiegels.

Die Liste der Tochterunternehmen Googles könnte noch weitergeführt werden. Auch Unternehmen wie VirusTotal, Waze, ITA Software und viele weitere wurden über die Jahre von dem Suchmaschinen-Giganten übernommen und integriert. Hält Google an dieser Strategie fest, dürfte sich die Liste der Tochterfirmen auch künftig stetig länger werden.

3.13 ATAP-Labor

Das ATAP-Labor (Advanced Technologies and Products) ist ein konzerneigener Technologie-Inkubator, der sich mit seinen 100 festangestellten Mitarbeitern vorwiegend disruptiver Technologien widmet. Es scheint sich um kein Tochterunternehmen zu handeln, sondern um eine Abteilung in der Kernorganisation. ATAP ähnelt dem Geheimlabor X, entwickelt jedoch marktfähige Produkte. Am Ende muss ein vermarktbares Produkt vorliegen. Der Bereich hat in der Regel etwa ein Dutzend Projekte in Arbeit.

Die Gründung dieses Labors geht auf Regina Dugan zurück, die es auch leitet. Sie war vorher Direktorin des Forschungsinstituts des US-Verteidigungsministeriums DAPRA. Wie dort, praktiziert sie auch hier eine intensive Zusammenarbeit mit externen Partnern, darunter die Universität von Stanford und das MIT. Nachfolgend zwei Beispiele aus der Arbeit von ATAP:

A. Projekt Jaquard

Auch in diesem Bereich gilt strikte Geheimhaltung. Man erfährt allenthalben Überschriften von aktuellen Projektthemen. Das Projekt Jaquard ist abgeschlossen. Es zeigt die zukünftige Alltagsnähe der Laborthemen. Der Name "Jacquard" geht auf den 1801 konstruierten *Jacquard-Webstuhl* zurück, der mit *Lochkarten* gesteuert *werden konnte*.

Google-Spezialisten haben ein Kupfergarn erfunden, das Signale empfängt und über ein sehr kleines Bluetooth-Gerät an das Smartphone weiterleitet. Das Garn wird in einen Ärmel eingenäht. Tippt der Träger auf das Garn oder streicht darüber, werden Befehlssignale an das Smartphone weitergeleitet. Streicht er Richtung Hals wird die Uhrzeit angesagt. Tippt er zweimal auf den unteren Ärmel verschickt sein Smartphone eine einprogrammierte SMS. Yves Saint Laurent, Adidas und Levi Strauss stehen auf der Kundenliste des Labors. Im Sportbereich werden mit maschinellen Lernalgorithmen Tritte, Schusskraft, Distanz und Geschwindigkeit erfasst.

B. Projekt Google Lens

Bei Google Lens handelt es sich um ein Suchprogramm, dass die Informationen mittels visueller Analyse bereitstellt. Man denkt an das Kaninchen, dass der Magier aus dem Hut zaubert. Wird die Kamera des Smartphones auf ein Objekt gerichtet identifiziert Lens das Objekt und zeigt die dazugehörende Information auf dem Display an. Die Technik ist auch in die Apps von Google Foto und Assistant integriert. Lens erkennt und übersetzt vor allem Texte, und das in vielen Sprachen. Sowohl Produktfotos, Kunstwerke und Denkmäler, als auch Tiere und Pflanzen werden erkannt.

C. Bereich Google Brain

Der Bereich Google Brain innerhalb des Labors hat seinen Standort im Google-Hauptquartier in Mountain View mit weiteren Arbeitsstätten in Cambridge (Massachusetts), London, Montreal, New York City, San Francisco, Toronto und Zürich. Die Stanford University stand bei der Gründung 2011 Pate. Deep-Learning ist der Arbeitsschwerpunkt.

Eines der aktuellen Forschungsprojekte betrifft die Sterblichkeitsprognose von Krankenhauspatienten. Sie ermöglicht Entscheidungen und Handlungen von Ärzten sehr viel früher als es heute möglich ist. Ein anderes Projekt hat selbstlernende Roboter zum Inhalt.

Im Februar 2018 präsentierte Google Brain einen Algorithmus, der Informationen aus Texten sammeln und extrahieren kann. Damit ist es möglich, Lexikonartikel in natürliche Sprache und enzyklopädische Form umzuwandeln.

Manche der hier entwickelten Technologien haben das Android-Betriebssystem, die Spracherkennung, Fotosuche auf Google+ und Video-Empfehlungen auf YouTube verbessert.

Das Google Brain Team steht im engen Austausch mit anderen Abteilungen im Konzern und analysiert bestehende Prozesse. Es sorgt für die regelmäßige Präsentation von Forschungsergebnissen, um so ein breit gefächertes Wissen über Maschine Learning und KI im Unternehmen zu schaffen. Auch die Gesellschaft gehört zu den Nutzern, denn sie kann Produkte wie TensorFlow (Framework zur datenstromorientierten Programmierung) kostenlos nutzen.

In den genannten Geschäftsbereichen werden vielfältige Produkte entwickelt und angeboten. Demnächst dürfte eine eigene Google-Reiseplattform hinzukommen, mit der anderen Anbietern, etwa Dreamlines, Opodo oder Trivago, der Garaus droht. Die Branche beklagt sich öffentlich: „Das Unternehmen missbraucht seine Dominanz als Suchmaschine, indem es enorm viele Gebühren, Inhalte und Daten von seinen Werbepartnern erhebt. Diese Einblicke nutzt Google, um eigene Produkte zu entwickeln, mit denen das Unternehmen noch mehr Gebühren von seinen Partnern erheben kann. Die Vision von Google ist, dass es in fünf bis zehn Jahren nur noch eine Reiseplattform gibt – und die heißt Google.“[20] Auch dieses Beispiel zeigt, wie wichtig und dringend der Schutz vor den kalifornischen Invasoren ist.

Die Auflistungen von Google Geschäftsfeldern und -aktivitäten erhebt nicht den Anspruch auf Vollständigkeit. Google tanzt auf vielen Hochzeiten, ohne dass man genau weiß, auf welchen. Längst ist es nicht mehr gerechtfertigt, von einem „Suchmaschinenanbieter“ zu sprechen. Es wird spannend zu sehen, wie sich die weitere Entwicklung unter dem Dach von Alphabet, so der Name der steuernden Gesellschaft, vollzieht.

3.14 Alphabet/Google-Zukunftsprojekte

Hier soll der Blick auf die Produkte und Projekte gerichtet sein, die sich in der Google-Röhre befindet und im Laufe des Jahre 2022 im Internet-Schaufenster ausgestellt werden. Das Pixel-Smartphone ist wohl das, was den Normalverbraucher am meisten interessiert und hier die Integration von KI in das Gerät. Inzwischen weiß man, dass Google ein „System on a Chip", salopp ausgedrückt, einen eigenen Prozessor, entwickelt hat. Das ist ein Chip, der alle elementaren Funktionen eines Computers in sich vereint, aber darauf ausgelegt ist, KI als Priorität zu haben.

.

• **Smartphone „Pixel 6"**

Die heute von einem Smartphone geforderten Funktionen wie Bilderkennung und Spracherkennung benötigen KI. Herkömmliche Chips können diese nicht in ausreichendem Maße bieten. So entstand ein Chip mit dem Gattungsbegriff „Tensor Processing Unit" (TPU) und das zugehörige Smartphone mit dem Markennamen Pixel 6. Das Gerät ist mit Android 12, mit anspruchsvoller Fototechnik und -optik ausgestattet. Mehr ist nicht zu erfahren, da sich Google auch hier mit seiner üblichen Geheimniskrämerei umgibt. Nur soviel: Alles wird schöner, besser und schneller, wohl aber nicht billiger. Alphabet/Google hofft, endlich einen größeren Marktanteil im Handymarkt zu ergattern.

Der neue Chip wurde für Anwendungen der künstlichen Intelligenz entwickelt. Durch eine optimierte Ausführung von Algorithmen der TensorFlow-Programmbibliothek erreicht ein solcher Chip in neuronalen Netzwerken hohe Prozessgeschwindigkeiten. TPUs werden in den Google-Rechenzentren schon seit circa 2015 angewendet, ebenso für StreetView. Auch für den Wettkampf von Alpha Go gegen die weltbesten Go-Spieler nutzte Google den Spezialchip.

Die neuartigen TPU-Chips haben sich für das Design von ebensolchen, aber noch leistungsstärkeren TPU-Chips bewährt. Ein Mensch benötigte selbst mit technischer Unterstützung mehrere Monate, um die Leiterbahnen auf dem Chip richtig anzuordnen. Durch den Einsatz von TPU-Chips wurde die Zeit auf wenige Stunden gesenkt. Etwas überzogen könnte man sagen, dass sich die KI jetzt selbst reproduziert: Die KI-Chips bauen immer bessere Chips, die dann noch bessere Chips bauen usw., usf.

• Proteinfaltung

Eine Art Big Bang ertönte 2021 als DeepMind seine Erkenntnisse zur Struktur von Proteinen, genauer gesagt, dessen Faltung, bekannt gab. Fünf Jahrzehnte schon hatte die Gemeinde der Biochemiker an diesem Thema geforscht, aber ohne einen Durchbruch zu erzielen. Der kam erst als es die Forscher mit der KI des Programms AlphaFold 2 versuchten. Hier wurden Biologie und Informatik verknüpft. Demis Hassabis, CEO von DeepMind belobigt sein Unternehmen: *„Das ist der größte Beitrag, den ein KI-System bisher zum Fortschritt der Wissenschaft geleistet hat."*[21]

Beim Proteinentfaltungsproblem geht es darum, aus der Abfolge der Aminosäuren, aus denen Proteine aufgebaut sind, deren dreidimensionale Form zu erkennen. Wenn Zellen Proteine herstellen, reiht sich Aminosäure an Aminosäure. Es entsteht eine lange Kette, die sich zu einem festen Knäuel „faltet".

Proteine ermöglichen Zellbewegungen, erkennen Signalstoffe, pumpen Ionen oder katalysieren chemische Reaktionen. Die 3-D-Struktur, bzw. die Faltung des Proteinmoleküls, ist entscheidend für seine Funktion im menschlichen Körper. Wer sie kennt, kann relativ leicht herausfinden, was ein spezielles Protein bewirkt, wo es im Körper Unheil anrichtet und oder, ob mit welchen Wirkstoffen, bzw. Medikamenten es beeinflussbar ist. Um biochemisch aktiv zu sein, müssen sich Proteine falten und eine Struktur annehmen. Wer diese kennt und nutzt versteht biologische Vorgänge, kann Krankheiten heilen und neue Medikamente entwickeln. Andrei Lupas, Direktor am Max-Planck-Institut für Entwicklungsbiologie in Tübingen, bestätigt die obige Aussage von Hassabis. Durch den Einsatz von AlphaFold 2 *„werden Strukturen, deren Bestimmung im Labor oft Jahre mühsamer Arbeit erfordert hätten, nun innerhalb von Minuten verfügbar."*[22]

• Quantencomputer

Quantencomputer sind ein Meilenstein in der Entwicklung der Digitaltechnik. Darum sind sie für DeepMind das „next big thing" im Forschungsprogramm. Auch andere Akteure der KI-Domäne haben die Bedeutung dieser Art von Computing erkannt, so IBM, Honeywell, Microsoft und Intel. Es scheint aber, dass die Google-Tochter die Nase vorn hat. Im Oktober 2020 präsentierte Konzernchef Sundar Pichai einen Quantencomputer mit 72 Qubits. Mitbewerber lagen noch bei 16 bis 20 Qubits.

Qubit ist die Kurzbezeichnung von Quantenbit. Es handelt sich um die kleinste Speicher- und Informationseinheit eines Quantencomputers. Während heutige Computer mit den Werten „0" oder „1" rechnen, können Qbits beide Werte gleichzeitig verarbeiten. Im Gegensatz zu herkömmlichen Bits kann das Quantenbit beliebig viele Zustände zwischen 0 und 1 gleichzeitig annehmen. Erst beim Auslesen (Messung) legt es sich für einen konkreten Zustand fest.

DeepMind muss sich sehr beeilen, nicht von den Chinesen eingeholt zu werden. Im Herbst 2021 hat das „Reich der Mitte" Augenhöhe zur westlichen Quantenforschung erreicht. Zwei Quantencomputer mit unterschiedlichen technologischen Ansätzen erreichten 66 Qubits und erwiesen sich als leistungsfähiger als die bisherigen Rekordhalter von Google mit 54-Qubits. Viele Anwendungen wären mit diesen Megamaschinen denkbar, aber leider nur denkbar, denn der Praxis fehlt das Anwendungswissen.

Der Vollständigkeit halber wären noch jene Unternehmen zu nennen, die über Anschubfinanzierungen und Beteiligungen zum Google-Netzwerk gehören, aber nicht im Organigramm oder ähnlichen Dokumenten genannt werden. Es sind dieses:

Beteiligungen und Anschubfinanzierungen

Unternehmen	Geschäftsgegenstand
Fitbit	Hersteller von Fitness-Trackern.
Nest	Hersteller von digitalen Thermostaten, Rauchmeldern, Überwachungskameras und diversen Smart-Home-Artikeln. 2018 wurde das Unternehmen mit Sitz in Palo Alto Teil der Hardware-Abteilung von Google.
Chroncicle	Anbieter von Sicherheitstechnologien.

Nexus	Anbieter von Android-basierten Smartphones und Tablets.
Titan Aerospace	Hersteller von Spezialdrohnen
Skybox Imaging	Anbieter für Satellitenaufnahmen aus dem All
Moffett Federal Airfield	Für 60 Jahre angemietet. (Standort Silicon Valley)
X-Projekt	Google Brain erforscht das menschliche Gehirn
Google Ventures	Dieses Google-Tochterunternehmen investiert weltweit in Start-ups der Bereiche Internet, Software, Hardware, Cleantech, Biotech und Gesundheit, u.a. Fahrdienst Uber. Zu den Unternehmen, an denen Google über seine Ventures-Gesellschaft beteiligt ist, gehören unter anderem das Gentechnik-Start-up 23andMe, Periscope, ein Anbieter von Video-Software und Slack ein webbasierter Instant-Messaging-Dienst mit 10 Millionen aktiven Nutzern.
Google Capital	Kümmert sich seit seiner Gründung 2013 um Investments in reifere Technologie-Firmen, die sogenannte Later Stage. Es handelt sich um 12 Unternehmen, die unter anderem in den Bereichen Big Data, Fintech, IT-Sicherheit und E-Learning aktiv sind. Das Unternehmen bietet in in Zusammenarbeit mit den Google-Töchtern Access&-Energy, Loon und Google Fiber interessierten Kommunen und Regionen den Aufbau von Infrastrukturen für den Zugang zum Internet an. Ein halbes Dutzend US-Städte nutzen dieses

	Angebot eines extrem schnellen Zugangs zum Netz via Glasfaserleitungen.
Erneuer-bare Energien	Invest von mehr als 780 Millionen Euro in er-neuerbare Energien, in Solarfirmen, Windparks, Batteriehersteller und E-Mobilität.

Alphabet/Google hat guten Grund zuversichtlich in die Zukunft zu blicken. 2020 kletterte die Aktie um 85 Prozent nach oben. 2021 ging es weiterhin aufwärts. Das gilt auch für Tochterunternehmen, so etwa YouTube, das den Streamingriesen Netflix auf der Basis aktueller Nutzerzahlen noch 2022 vom Thron stoßen wird.

Auch der Kauf des St. John's Terminal in New York 2021 für 2,1 Milliarden USD bezeugt die Vitalität des Google-Konzerns. Hier wurde Platz für die 12.000 Mitarbeiter geschaffen, die außerhalb der Zentrale in Kalifornien in New York arbeiten. Börsenprognostiker geben weiterhin Kaufempfehlungen für die Aktie der Cash-Maschine Google.

4. Amazon erobert die Welt

In den USA gab und gibt es legendäre Unternehmensgründungen in Garagen, insbesondere im High-Tech-Bereich. 1994 gesellte sich mit Amazon ein weiteres Start-up hinzu. Der 30jährige Bank-Informatiker Jeff Bezos gründete in Detroit eine Online-Buchhandlung. Er war kein armer Tellerwäscher in einer Hotelküche, sondern stieg als Millionär in dieses Geschäft ein. Als Vizepräsident einer New Yorker Investmentbank hatte er es zu einem beachtlichen Vermögen gebracht.

Blick auf die Amazon Zentrale in Seattle

Sein Start-up taufte er auf den Namen Amazon. Das ist der Name des Dorfes, in dem er 1964 geboren wurde. Zugleich war es der Kosename für seine kämpferische Ehefrau. Es wird auch berichtet, dass er diesen Namen wählte, um über die Assoziation zum Fluss Amazonas auf das geplante Ausmaß der geplanten Warenströme hinzuweisen.

Unabhängig hiervon wusste Bezos, wie wichtig es ist, in alphabetisch sortierten Registern weit oben zu stehen. Ein Firmenname mit A musste her.

Amazon: Die wichtigsten Daten

Gegründet	1994
Gründer	Jeff Bezos
Konzernsitz	Bellevue (USA)
Aktive Nutzer weltweit	300 Millionen
Umsatz global 2021	469,82 Milliarden USD
Werbeumsatz 2020	146 Milliarden USD
Gewinn 2020	23,1 Milliarden USD Plus zu 2019: 22%
Markenwert	683,86 Milliarden
Mitarbeiter ohne Saisonkräfte	1.5 Millionen
Marktkapitalisierung	1,7 Billionen USD
Aktie 2021	3.700 USD
Wachstum seit 2010	1.300 Prozent
Privatvermögen Bezos	75,3 Milliarden USD
Produkte	488 Millionen (lt. Statista)

Bücher sind unkompliziert in der Handhabung des Vertriebs. Darum boten sie sich als geeignetes Handelsgut für Amazons Angebotsseiten an. Die Vorschau „Blick ins Buch" war ein Novum im Buchhandel. Schon bald kamen CDs und DVDs hinzu. Bezos legte einen Blitzstart mit explosionsartigen Verkaufszahlen hin. Sein Vorgehen bietet sich als Studienobjekt an. Konkurrenten wurden aufgekauft oder mit Niedrigpreisen so lange unterboten, bis sie aufgaben. Auf nachgebende Margen reagierten sie mit Sonderangeboten und Ausverkäufen, die ein Dahinsiechen und schließlich den Tod einleiteten. Verlegern wurden niedrige Preise abgepresst.

4.1 Wachstum first, Profit second

Schon damals kannte Bezos nur ein Ziel: Wachstum und nochmals Wachstum. Gewinne kommen später. Diese Maxime hielt er bis heute durch. Es ging ihm, wie für die Techbranche typisch, um Disruption und Dominanz. Früher als andere erkannte er die Möglichkeiten des technologischen Wandels und nutze ihn, um eine radikal neue Art von Einzelhandel aufzubauen. Alsbald verließ er das begrenzte Terrain von Büchern und begann online seinen Eroberungsfeldzug auf die Handelswelt. Anders als ein traditioneller Einzelhändler brauchte er keine Geschäfts- oder Ausstellungsräume und benötigte nur wenige Mitarbeiter. Der Einzelhandel schaute zu und begriff erst nach zehn Jahren, dass ein gefährlicher Wolf im Revier unterwegs ist. Da war es aber schon zu spät. Immer wenn es durchsickert, dass Amazon Interesse an einer Branche hat, brechen die Börsenkurse der relevanten Unternehmen ein. Das gilt bis heute.

Tracking war und ist Bezos strategisches Zauberwort. Wer einmal auf Amazons Webseite kaufte, dessen weiteres Kaufverhalten wird verfolgt, um ihm weitere Kaufangebote zu machen. Bezog der Kunde heute Kaffee, wird ihm morgen eine Kaffeemaschine offeriert und übermorgen ein komplettes Kaffeeservice. Mit jeder Bestellung sammelt Amazon bergeweise Daten über den einzelnen Besteller und in Summe über alle Kunden. Das sind Daten, die wir Amazon zur freien Verwendung freiwillig aushändigen. Mittlerweile hat der Konzern seine 350 Millionen aktiven Kunden mittels Künstlicher Intelligenz und Kreditkarten personalisiert und gespeichert. Diese können auf elf Websites in sieben Sprachen 488 Millionen Produkte ansehen und kaufen.

Amazon weiß, was Menschen anspricht. Ständig werden Millionen von A/B-Test-E-Mails versendet, um festzustellen, welche Produkte und Werbebotschaften am besten ankommen. Hierbei handelt es sich um eine Methode, bei der zwei Versionen einer Webseite, App oder eines Angebots verglichen werden, um festzustellen, welche die wirksamere ist. Mittels einer statistischen Analyse wird dann die Effizienz von Version A und Version B hinsichtlich ihrer Konversionsrate getestet. Sie zeigt an, wie viel Prozent der Kunden ein Produkt bestellen, nachdem sie es angesehen haben. Mithilfe der Ergebnisse wird dann die Marketingstrategie oder Produktwerbung gestaltet.

Schon zwei Jahre nach Firmengründung wagte Bezos den Gang auf das Parkett der Wallstreet. Der Umsatz steigerte sich von 15,7 auf 147,8 Millionen US-Dollar. Mit dieser Marktmacht konnte er Geschäftspartnern Selbstmordpreise abpressen. Viele charakterisierten ihn als Mafiapaten. Die Kurse an der Wallstreet zeigten: Was für Amazon gut ist, ist schlecht für den übrigen Einzelhandel, selbst für Walmart, Sears, Kmart oder J.C. Penny, deren Aktienkurse sich beständig abwärts bewegen. Während sich der Einzelhandel mit einem Kurs-Gewinn-Verhältnis von nur 8 begnügen muss, liegt es bei Amazon bei 70 (2021). Anleger akzeptieren Amazons Strategie nach dem Motto „*Wachstum first, profit second*". Der Gewinn fließt als Investition in das Unternehmen und ist Ursache dafür, dass Amazon kaum Steuern zahlt.

Die Dotcom-Blase um das Jahr 2000 wäre fast das Aus für das junge Unternehmen gewesen. Die Aktie fiel von 100 auf sechs Dollar. Amazon zog sich aus dem Tief, indem es sein Angebot sukzessiv erweiterte. Andere Online-Händler erhielten 2002 gegen Gebühr die Möglichkeit, ihre Produkte auf der Amazon-Verkaufsplattform „Marketplace" direkt neben den Eigenartikeln von Amazon anzubieten.

In den Folgejahren übernahm Bezos andere Wettbewerber aus dem Buch- und Verlagsgeschäft sowie Online-Anbieter anderer Branchen. Mit dem Erwerb des digitalen Buchdruckers Booksurge stieg Amazon 2005 in den digitalen Buchdruck und damit in das Print-on-Demand-Geschäft ein. Seit Mai 2009 betreibt Amazon mit Amazon Publishing einen eigenen Verlag, der weitere Verlage unter seinem Dach vereinigt.

Für 225 Millionen Dollar erwarb der Privatmann Bezos jenseits der Amazon AG 2013 die renommierte „Washington Post". 775 Millionen Dollar kostete der Erwerb von Kiva-Systems, heute Amazon Robotics, das genau jene Lagerhaussysteme und Roboter herstellt, die Amazon für seine diversen Logistikstandorte in der ganzen Welt benötigt.

1,5 Millionen Menschen, ohne Saisonkräfte, verdienen hier ihr tägliches Brot. 2020 erwirtschafte Amazon einen Umsatz von 386 Milliarden Dollar bei einem Gewinn von 23,1 Milliarden Dollar. Das meiste hiervon verdient Amazon außerhalb seines Versandhauses, vor allem mit seiner Ertragsperle „Amazon Web Services" (AWS). Amazons Börsenwert stieg im Laufe der Jahre auf 1,7 Billionen Dollar (!). Jeff Bezos gilt als der reichste Mann der Welt. Die Corona-Pandemie 2020/21 machte ihn noch reicher. Hier bewahrheitet sich Sprichwort „des einen Glück, des anderen Leid". Unternehmensgründer, die eine Anschubfinanzierung benötigen, müssen eine kluge Antwort auf diese Frage des Bankmitarbeiters geben: *„Wie gedenken Sie gegen Amazon zu bestehen oder sich abzuheben?"*

4.2 Amazon ist mehr als ein Online-Bauchladen

Die meisten Mensch kennen Amazon als Online-Handelsunternehmen. Sie gehören zu den 300 Millionen Kunden, die dort einkaufen. Die wenigsten wissen, dass der Konzern auch als Lieferant zahlreicher Eigenmarken, als Cloud-Dienst- und Streaming-Anbieter, als Zahlungsdienstleister, Filmproduzent, Logistiker und Lieferdienst, als Raketenbauer und Krankenhausbetreiber tätig ist. In den USA sind 80 Amazon-Labels bekannt. 2013 erschien ein Buch des US-Publizisten Brad Stone über Jeff Bezos mit dem vielsagenden Titel „Der Allesverkäufer". Jeff Bezos verkündet fast täglich neue Projekte, Produkte oder gibt Entscheidungen bekannt, die an den Grundfesten des Konzerns, ja sogar der ganzen Wirtschaft rütteln. Sein Megakonzern macht Gewinne nicht nur *am* Markt, sondern *durch* den Besitz des Marktes. Mehr als 50 Prozent der Kaufinteressierten beginnen ihre Suche bei Amazon und knapp 30 bei Google. Diese Klicks sind in besonderem Maße werthaltig, denn sie münden in Käufe. Seit 2017 setzt Amazon verstärkt auf Eigenmarken. In den USA sind über 80 private Labels des E-Commerce-Giganten bekannt. Für Deutschland gibt es auf diesbezügliche Fragen keine Antworten. Experten gehen von mindestens 15 Eigenmarken aus.

Die Angebotspalette des Konzerns umfasst alles, was der Mensch zum Leben braucht. Selbst Urnen und Leichensäcke, Kinder- und Tiersärge werden angeboten. Die nachfolgende Übersicht zu Geschäftsfeldern und Tochterkonzernen unterliegt ständigen Fortschreibungen. Man erkennt, dass Begriffe wie Imperium oder Moloch für Amazon nicht übertrieben sind. Zugleich wird sichtbar, dass Amazon ein sehr testfreudiges Unternehmen ist, das vieles ausprobiert und beibehält, wenn es Erfolg verspricht. Test ist ein wichtiges Wort im Vokabular des Konzerns. Amazons Pop-up-Stores und „Amazon Restaurants" waren solche Tests, zwei von vielen Würfen auf der Amazon-Kegelbahn, die in der „Gosse" landeten (Kegelbegriff). Auch Deutschland steht auf der Angriffsliste für neue Produkte und Branchen. Die Amazonisierung gewinnt an Fahrt.

4.3 Das Imperium

Im Kapitalismus entstanden wirtschaftliche Imperien, von denen die Digitalriesen Microsoft, Google, Meta/Facebook, Apple, Amazon und Alibaba die mächtigsten sind. Von der Mitarbeiterzahl her steht Amazon an der Spitze. Man sollte aber nicht vergessen, dass die Digitalbranche sehr schnelllebig ist. Der Imperator ist letztendlich Jeff Bezos, obwohl der Marshallstab 2021 an Andy Jassy übergeben wurde. Bezos bleibt Vorsitzender des Verwaltungsrats.

1. 2006 wurden die *Amazon Web Services (AWS)* gestartet. Dabei handelt es sich um den größten Cloud-Computing Dienst der Welt mit einem Marktanteil von über 30 Prozent. Microsofts „Webservices Azur" liegt mit 20 Prozent deutlich darunter. Viele Großunternehmen sind bei AWS zu Hause, das seinen Kunden 200 Services bietet. Zu den Großkunden gehören u.a. Netflix mit einem monatlichen Auftragsvolumen von 19 Millionen Dollar. Apple zahlt monatlich 30 Millionen Dollar für die Inanspruchnahme von AWS-Leistungen. Auch Namen wie Airbnb, Vodafone, General Electric, Facebook, Siemens und Twitter, Reddit, Dropbox, ja selbst die chinesische Suchmaschine Baidu und die US Navy stehen auf der AWS-Kundenliste. Sogar der US-Geheimdienst CIA gehört zur erlauchten

Kundschaft. Dieser Referenzkunde generiert gleichsam automatisch neue Kunden.

Die Erfolge von AWS waren ein Grund, deren Kopf, Andy Jassy, im Sommer 2021 an die Spitze von Amazon zu berufen, nachdem Jeff Bezos seinen Rücktritt als Konzernlenker vollzogen hatte. Wenn es ihm gelingt, genauso viel Drive in den Handelsbereich zu bringen, wie er es bei AWS geschafft hat, dann wird die Amazon-Aktie noch mehr abheben.

AWS ist die Cash Cow im Amazon-Stall. Laut Bezos setzte sie mit ihren rund 25.000 Mitarbeitern 2020 12,7 Milliarden Dollar um. Dieser Tochterkonzern ist mit 12,7 Prozent nur zu einem Zehntel am Gesamtumsatz des Ama-zon-Konzerns beteiligt, erwirtschaftete 2019 aber die Hälfte des Nettogewinns von 7,2 Milliarden Dollar. Die Welt blickt noch heute staunend auf das Handelsunternehmen und übersieht, wie sich Amazon in aller Stille zum weltgrößten Cloud-Anbieter und IT-Dienstleister entwickelte.

Über die Rechenzentren und Serverstandorte von AWS ist wohl aus Sicherheitsgründen fast nichts bekannt. Über Wikileak gelangte ein Dokument an die Öffentlichkeit, das Auskunft hierzu gibt.[23] Nach Karte ist AWS weltweit an 30 Standorten präsent.[24] Der europäische Markt wird von Dublin und Frankfurt am Main aus bedient. Die Bankenstadt beherbergt drei AWS-Rechenzentren.

2. Die 2002 geschaffene Handelsplattform ***Amazon Marketplace*** ermöglicht es Anbietern, Privatpersonen und Händlern, gebrauchte oder neue Produkte anzubieten. Ähnlich einem Wochenmarkt bieten verschiedene Händler auf eigene Rechnung ihre Produkte an. Das Verfahren ähnelt dem von Ebay.

Grundsätzlich gilt, dass auf dem Amazon Marketplace alles gekauft und verkauft werden kann, dass auch im regulären Amazon.de-Sortiment angeboten wird. Natürlich bietet Amazon hier auch seine Eigenangebote nebst Eigenmarken an. Der Bestellprozess verläuft wie bei Bestellungen, die direkt bei Amazon.de getätigt werden. Pro verkauftem Artikel behält Amazon eine Provision von bis zu 45 Prozent des Verkaufspreises und zusätzlich 0,99 Euro für private Verkäufer ein.

Während der Corona-Pandemie versuchten viele Einzelhändler, ihre Produkte auf Amazon Marketplace zu platzieren, um so den Absatzausfall zu minimieren. Sie schufen teilweise eigene Marken nur für den Verkauf über Amazon. Gut für Amazon, das sein Sortiment entsprechend anpassen konnte, indem es *„die Guten ins Töpfchen, die Schlechten ins Kröpfchen"* (Aschenputtel) sortierte.

Seit 2018 prüft die Europäische Union Amazons Doppelrolle als Marktplatz und Händler. Die EU-Kommission beschuldigt den Internetkonzern, interne Geschäftsdaten seiner Kunden systematisch für seine Marktdominanz zu nutzen, *„um die normalen Risiken des Wettbewerbs"*[25] (EU) zu vermeiden. Sieht Amazon, dass das Produkt eines Händlers gut läuft, vertreibt es dieses selbst oder stellt es als Amazon Basic-Produkt selbst her. Im Herbst 2020 erhob die Kommission deswegen Anklage wegen maßgeblicher Verstöße gegen das Kartellrecht. Amazon weist die Anschuldigungen zurück.

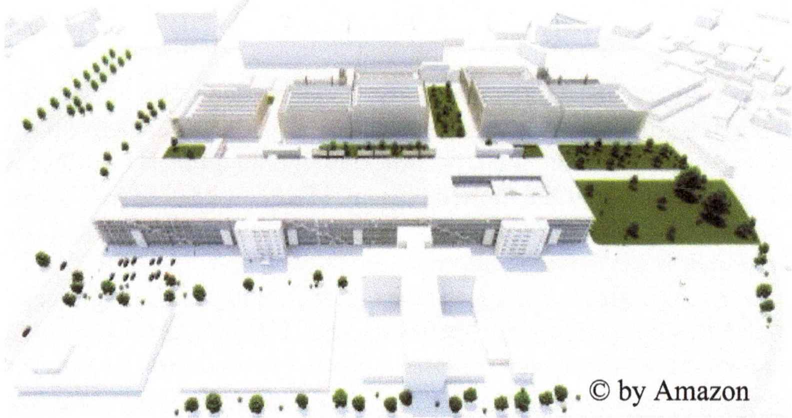

Umwandlung vom Neckermann-Versandhaus zum Rechenzentrum in Frankfurt/M.

3. Bei ***Amazon Advertising*** geht es um kostenpflichtige Werbemöglichkeiten auf dem Onlinemarktplatz Amazon. Diese werden zwischen oder neben den Suchergebnissen auffällig hervorgehoben. Der Anbieter zahlt nur dann für eine Anzeige, wenn der Interessent sie anklickt (Cost-per-Click).

2,8 Millionen Fremdanbieter in 18 Ländern nutzen dieses Angebot. 2020 entfielen 54 Prozent der Bestellungen bei Amazon auf solche Drittanbieter. 2018 entfielen 58 Prozent des Amazon-Umsatzes auf diese Gruppe (2010: 30 Prozent), was weltweit 160 Milliarden US-Dollar entspricht. Auch hier weist der Trend nach oben. Dieses Wachstum mit Werbung geht offenbar zu Lasten anderer digitaler Werbevermarkter, besonders Google und Facebook.

Amazon Advertising ist einer der wachstumsstärksten Bereiche des Konzerns. 2020 betrug der Umsatz schätzungsweise 20 Milliarden Dollar (2018: 10,1), davon rund 500 Millionen im Raum Deutschland und Österreich.

4. Über ein sogenanntes *Affiliate-Partnerprogramm* (affiliate: angliedern) erzielt Amazon Erlöse aus den Angeboten anderer Onlinehändler, soweit diese auf ihrer Homepage einen Link zu Amazon setzen. Im Falle eines Kaufabschlusses erhält der Webseitenbetreiber, beispielsweise ein Verlag, eine Provision.

5. Unter dem Label *AmazonBasics* verkauft Amazon seit 2009 eigene Produkte, beispielsweise Notebooktaschen, Batterien, Kabel und Computer. Küchen- und Haushaltswaren werden als Eigenmarke unter dem Namen Solimo angeboten. HappyBell and Aplenty ist der Markenname hauseigener Lebensmittel. Compass Road nennt sich die Weinlinie von Amazon. Das Lebensmittelsortiment wird ständig ausgebaut.

6. Corona sorgte dafür, dass Amazon der führende *Modehändler* der USA wurde, und dieses stationär und online. Der Konzern bietet über 100 eigene Modemarken an, wie Find, Meraki und Aurique. Inzwischen hat der Konzern zwölf Prozent des amerikanischen Modemarktes vereinnahmt. Tendenz steigend. Die ewigen Konkurrenten Walmart und Target haben das Nachsehen. In Deutschland hat die Amazon-Mode eher das Aussehen von Secondhand-Klamotten. Ihr fehlt der Chic. Sie benötigt französische oder italienische Entwicklungshilfe.

7. *Amazon Payments* ist ein Zahlungsdienstleister mit eigener Kreditkarte, der in Konkurrenz zu PayPal agiert.

8. *Amazon Prime* ist der kostenpflichtige Service zur Beschleunigung von Bestellabläufen. Weltweit nutzen 200 Millionen Abonnenten dieses Angebot (Stand 2021). Man hat ermittelt, dass Prime-Kunden mehr über die Amazon-Plattform kaufen als Nicht-Prime-Mitglieder.

9. Der Downloadshop *Amazon Prime Music* bietet seinen 55 Millionen Abonnenten Millionen Musiktitel an (Stand Januar 2020). Für das volle Angebot mit etwa 70 Millionen Songs bietet Amazon den Dienst Amazon Music Unlimited an, bei dem Prime-Mitglieder Rabatt bekommen. Im Jahr 2020 wurde das Angebot um Podcasts erweitert.

10. Im Mai 2021 übernahm Amazon für 8,45 Milliarden Euro *Metro-Goldwyn-Mayer*. Damit gingen 4.000 Filme und 17.000 TV-Programmstunden in den Besitz von Bezos und Aktionären über.

11. Auch die besonders in den USA beliebte Film- und Serien-*Internet Movie Database* (IMDb) gehört seit einigen Jahren zum Amazon-Imperium. In der Datenbank werden Daten von Kino-, Video- und Fernsehfilmen sowie von Computerspielen gesammelt, die seit Beginn der Kinematographie produziert wurden. 2020 gab es Eintragungen zu 7,55 Millionen Filmproduktionen und 11,2 Millionen Film- und Fernsehschaffenden. Bezos kaufte dieses Unternehmen, um es als eine Submarke in Amazon einzugliedern und als Werbeplattform für den Verkauf von DVDs und Videokassetten zu nutzten.

12. 2012 vereinnahmte Amazon für 970 Millionen Dollar die *Twitch Interactive Inc.*, einen Anbieter von Video-Live-Streaming-Diensten, der sich auf das Live-Streaming von Videospielen konzentriert, einschließlich Übertragungen von E-Sport-Wettbewerben. Er bietet aber auch Musikübertragungen, kreative Inhalte und neuerdings auch „in real life"-Streams. Die Inhalte der Website können entweder live oder per Video-on-Demand angesehen werden. Der Markt ist gigantisch.

13. *Audible* (deutsch „hörbar") ist ein international operierender Anbieter für kommerzielle Hörbuch- und Podcast-Downloads, der 2008 für 300 Millionen US-Dollar in den Besitz von Amazon gelangte. Etwa 200.000 Audioprogramme in deutscher, englischer, spanischer und französischer Sprache von mehr als 1000 Verlagen können hier einzeln

oder im Abo heruntergeladen werden, darunter 30.000 deutsche Titel (letzte bekannte Angaben). Diese stammen von Hörbuchverlagen, Rundfunkanstalten, Buch-, Zeitungs- und Zeitschriftenverlagen sowie Anbietern von Wirtschaftsinformationen. Auch die Audioversionen von New York Times und The Wallstreet Journal sind dabei. Mit Audible Air können Nutzer Hörbücher oder einzelne Kapitel direkt auf ihre Smartphones herunterladen.

14. *Alexa* ist der cloudbasierte Sprachservice von Amazon. Er ist auf Millionen von Amazon-Geräten und Alexa-fähigen Geräten von Drittanbietern verfügbar. Amazon hielt die Anzahl der Nutzer lange geheim, aber 2019 kam heraus, dass weltweit 100 Millionen Geräte installiert sind. Im Februar 2017  wurde bekannt, dass Amazon an der Identifikation der menschlichen Stimme forscht. Diese ist ebenso einmalig und unverwechselbar wie sein Fingerabdruck. Sie könnte PIN oder Passwort-Eingabe erübrigen.

15. Der *Amazon Appstore* ist ein von Amazon betriebener Store für Android-Apps. Er stellt eine Alternative bzw. Ergänzung zum Google Play Store dar.

16. Schöngeistige Bedürfnisse werden auf der Literaturplattform *Good Reads* befriedigt. Sie ermöglicht es Einzelpersonen, die gewaltige Datenbank nach Büchern, Anmerkungen, Zitaten und Rezensionen zu durchsuchen. Benutzer können Bücher anmelden und registrieren, um Bibliothekskataloge und Leselisten zu erstellen. Sie können auch eigene Gruppen mit Buchvorschlägen, Umfragen, Blogs und Diskussionen erstellen. „See what your friends are reading", lautet der Wahlspruch der Plattform. Das kostenlose Programm hat ein gewaltiges Wachstum. 2019 zählte es 90 Millionen Mitglieder. Good Reads erhielt so eine gewaltige Marktmacht, ohne selbst Bücher zu verkaufen. Damit hat Jeff Bezos, der als Buchversender begann, alle wichtigen Buchrezensionsforen im Internet unter Kontrolle. Die daraus resultierenden Informationen sind für den scheinbar getrennt agierenden Buchhandel auf der Amazon-Handelsplattform wertvoll. Diese kosten den Konzern nichts und befördern den Absatz von Amazon und von Kindle. Der Leser/Käufer bekommt den Eindruck, dass es sich bei Good Reads um eine unabhängige Institution handelt. Natürlich kann

und soll er die besprochenen und bewerteten Bücher und E-Books per Klick über die Verkaufsplattform des Konzerns bestellen.

17. Bezos geriert sich als Freund und Förderer der Literatur - das wohl aber nicht uneigennützig. Für diesen Eindruck sprechen auch der e-Book-Reader *Kindle* und *Kindle Direct Publishing*. Wer einen solchen Reader besitzt, kann über eine Million Bücher und viele elektronische Zeitungen lesen. Der Konzern bietet Applikationen für Android, Windows, iOS und Mac an. Amazon verschweigt die Zahl der bisher verkauften Kindle-Geräte. Nach Schätzungen der International Data Corporation verkaufte der Konzern 2010 6,1 Millionen Geräte. Amazon nannte Ende 2011 erstmals eine Zahl, nach der im Laufe eines Monats wöchentlich über eine Million Geräte abgesetzt wurden.

18. Autoren bietet sich bei Kindle *Direct Publishing* die Möglichkeit, ihre Manuskripte zu veröffentlichen, ohne der Zensur eines etablierten Verlages oder hochnäsigen Lektors ausgesetzt zu sein. Sie werden am Erlös beteiligt.

19. Mit *Amazon Go* trat der Konzern in den stationären Handel ein. Diese noch kleine Supermarktkette mit 26 Filialen kommt ohne Kassen aus. Der Einkauf wird durch Kameras und Sensoren erfasst, berechnet und vom Konto abgebucht. Es gibt keine Warteschlangen an den Kassen.

Das Konzept befindet sich noch in der Erprobung. „Schöne" Aussichten für die 3,4 Millionen Amerikaner, die an der Kasse von US-Einzelhandelsunternehmen ihr Geld verdienen. Bis 2022 sind 3.000 dieser kassenlosen Supermärkte geplant, davon 30 in Großbritannien.

20. Der im Ausbau befindliche Lieferdienst für Lebensmittel, *Amazon Fresh*, offeriert 85.000 Artikel, die an die Haustür geliefert werden. Diesen Service muss man im Zusammenhang mit Amazons Drohnenplanung sehen. Pakete sollen per Drohne innerhalb von 30 Minuten ausgeliefert werden. Ein schon 2013 vorgestelltes Modell trug 2,2

Kilogramm. Wiederholt werden neue Modelle gezeigt. Amazon betonte aber mehrfach, dass sich das Drohnenprojekt noch in der Testphase befindet. Die amerikanische Luftfahrtbehörde stellte dem Versandhändler die entsprechende Genehmigung aus.

21. *Whole Foods* wurde 2017 zum Preis von 13,7 Milliarden Dollar Teil des Amazon-Konzern. In etwa 500 örtlichen Supermärkten bietet das Unternehmen edle Produkte „natürlicher Herkunft" zu hohen Preisen. Wie man hört, erwägt Amazon auch den Kauf lokaler Supermarktketten, soweit diese jeweils rund ein Dutzend Geschäfte betreiben.

22. Ein drahtlos batteriebetriebenes Gerät namens *Amazon Dash* ermöglicht es Kunden, auf Knopfdruck ein Produkt des täglichen Bedarfs bei Amazon zu bestellen.

23. *Prime Now* ergänzt das Angebot, zunächst aber nur in München, Hamburg, Potsdam und Berlin. Innerhalb einer Stunde werden bestellte Waren mit E-Cargo-Fahrrädern ausgeliefert. Der Nachrichtendienst Reuters berichtet, dass Amazon plant, fertig gekochte Gerichte an Kunden auszuliefern. In Frage käme ein Verfahren, das für das Militär entwickelt wurde. Dabei werden Gerichte so gekocht, versiegelt und behandelt, dass sie ohne Kühlung haltbar sind.

24. *PillPack by Amazon Pharmacy.* Im November 2020 gab Amazon bekannt, dass der Konzern in Amerika eine Internetapotheke startet. Vorab erwarb Amazon für 750 Millionen Dollar die Onlineapotheke Pillpack mit allen dazugehörigen Vertriebslizenzen. Die Amazon-Apotheke wendet sich in erster Linie an chronisch kranke Patienten. Der Service des Unternehmens gilt als innovativ und hervorragend.

Amazon.com betreibt auch die *Einzelhandelsportale* für Unternehmen und Organisationen wie Target, die NBA, Sears Canada, Bebe Stores, Timex, Marks & Spencer, Mothercare und Lacoste.

25. *Wot Inc*. ist eine Internet-Verkaufsplattform aus Texas. Auf seiner Webseite bietet Wot jeden Tag genau ein Produkt zum Super-Discountpreis an. Das Angebot gilt genau 24 Stunden lang. Der Werbeslogan lautet *"One Day, One Deal"*. Jeden Tag um Mitternacht läuft das Angebot aus und wird gegen ein anderes Produkt ersetzt. Die Produktpalette ist groß, dreht sich aber hauptsächlich um

Computerkomponenten und Elektronikartikel. Wot Inc. gibt nichts Statistisches von sich bekannt. Man weiß nur, dass das Unternehmen im Jahre 2007 rund 800.000 registrierte Mitglieder hatte und am Hauptstandort gegenwärtig mit (nur) 30 Beschäftigten arbeitet.

26. Das für 1,2 Milliarden Dollar erworbene Online-Schuh- und Modeunternehmen *Zappos* mit Sitz in Las Vegas wurde vom Harvard-Absolventen Tony Hsieh 1999 gegründet und von Jeff Bezos 2009 für 1,2 Milliarden Dollar übernommen. Es handelt sich um ein Unternehmen, das den Verzicht auf Macht und ein hierarchiefreies Management von oben ohne Manager predigt. Die dahinter liegende Managementphilosophie nennt sich „Holacracy". Bezos übernahm die 1.500 Mitarbeiter unter der Bedingung, dass der Firmengründer an Bord bleibt und seine Gründungsphilosophie fortsetzt.

27. Seit 2007 existiert das Programm *Amazon Vine – Club der Produkttester*. Hier erhalten ausgewählte Amazon-Kunden verschiedene Produkte kostenlos zur Rezension.

28. Wer im Nahen Osten lebt, kennt *Souq.com* beziehungsweise *Amazon.sa,* ein von Dubai ausoperierendes Tochterunternehmen, das als größte E-Commerce-Plattform die arabische Welt bedient. Die 2005 abgeschlossene Akquisition kostete den Konzern 750 Millionen Dollar.

Der Griff nach Asien ist mit Hindernissen gepflastert. In Indien konnte Amazon aus vielerlei Gründen bisher noch nicht Fuß fassen. Dennoch, der Konzern plant die Eröffnung von zehn Logistikzentren und hat rund 100.000 Saisonkräfte eingestellt. Ergänzend schloss Amazon Verträge mit über 20.000 kleinen Geschäften, über die der amerikanische E-Commerce-Gigant Basics wie Haushaltsgegenstände oder frische Blumen verkauft, so ein Bericht der Nachrichtenagentur Bloomberg.

29. Seit April 2019 ist bekannt, dass Amazon unter dem Namen *Projekt Kuiper* eine Konstellation von Kommunikationssatelliten entwickelt, mit denen eine Breitband-Internetverbindung hergestellt werden soll. Insiderkreise wollen eine Zahl von 3236 Satelliten ermittelt haben. Deren Umlaufbahnen decken einen Bereich ab, in dem 96 Prozent der Weltbevölkerung leben. Amazon investierte 10 Milliarden US-Dollar in das Projekt. Ein Zeitplan für den Start der Satelliten wurde bisher nicht genannt.

Das Topmanagement rekrutierte Bezos aus ehemaligen Mitarbeitern seines Konkurrenten „Space X" von Elon Musk. Dort wird an einer Satellitenkonstellation mit dem Namen Starlink gearbeitet. Nach den Lizenzbedingungen für die genehmigten Funkfrequenzen ist Amazon verpflichtet, die Hälfte der Satelliten bis 2026 auf in die Umlaufbahn zu bringen. Für den Start kommen fremde und eigene Raketen zum Einsatz.

30. Schon 2000 hatte Jeff Bezos seine eigene Raumfahrtfirma *Blue Origin* gegründet. Seit 2010 arbeitet das Unternehmen an einer Orbitalrakete mit wiederverwendbarer Erststufe und einer Nutzlastkapazitat von bis zu 45 Tonnen. Am 20. Juli 2021 ließ sich Bezos mit drei weiteren Personen für zehn Minuten in den Grenzbereich von Erde und Kosmos in 106 km Höhe schießen. Natürlich soll die Möglichkeit privater Flüge in das All ein neues Geschäftsfeld eröffnen.

Raumstation Orbital Reef - © Amazon

Nicht genug damit. Als nächstes Projekt ist eine Raumstation geplant. Die 830 Kubikmeter große „*Orbital Reef*" hat Platz für 10 Passagiere. Sie soll in einer Höhe von 500 km zahlungskräftigen Weltraumtouristen und Wissenschaftlern offenstehen. Boeing und die Arizona State University sind mit von der Partie.

31. Ein Megakonzern wie Amazon benötigt eine leistungsfähige Logistik. Eigens hierfür wurde *Amazon Logistics* geschaffen. In den USA sind FedEx und UPS als Amazon-Logistiker out. Dort stellt Amazon

gut 50 Prozent seiner Pakete selbst zu. Zum Leidwesen seiner Mitbewerber benötigt der Konzern bei Eigenzustellung durchschnittlich 3,2 Tage, die Mitbewerber etwa sechs Tage.

Zwei logistischen Schlüsselfaktoren gilt Amazons Hauptinteresse:

1. Die „route density", also die Menge Pakete, die bei einer Fahrt ausgeliefert werden und

2. Die „drop size", wie viele Pakete bei einem Stopp dem Empfänger übergeben werden.

Diese zwei Messgrößen analysiert Amazons KI und produziert wissenschaftlich fundierte Tourenpläne. Ein Stau im Zentrum einer Großstadt oder auf der Autobahn, ein Gewitter oder Glatteis entscheiden über Gewinn oder Verlust einer Tour.

Amazons KI errechnet in Sekundenschnelle alternative Routen. Bei 100 Milliarden Paketen pro Jahr (2020) und 61 Milliarden Dollar Versandkosten (2020) bieten sich hier enorme Ersparnispotenziale.

Zur leistungsfähigen Logistik gehören unter anderem die 2018 bestellten 20.000 Sprinter und 1.800 Elektrotransporter aus dem US-Daimlerwerk, die mit dem Schriftzug „prime" vor allem in den den USA dafür sorgen, dass Lieferungen binnen 24 bis 48 Stunden zugestellt werden. Noch stärker profitiert der 2009 gegründete Hersteller von Elektro-Fahrzeugen *„Rivian Automotive"* in Michigan von Amazons Entwicklung. Das fast noch unbekannte Werk soll Amazon bis Ende des Jahrzehnts mit100.000 Elektro-Lieferfahrzeugen ausrüsten. Der Online-Gigant ist mit 700 Millionen an Rivian beteiligt.

32. *Amazon Flex* ergänzt seit 2015 die Fahrzeugflotte von Amazon, in Deutschland seit 2019. Firmenexterne bringen ihr privates Fahrzeug in die Logistik ein und liefern vorwiegend jene Pakete, die nicht mehr rechtzeitig in ein Amazon-Firmenfahrzeug geladen werden konnten. So soll verhindert werden, dass ein Paket nicht rechtzeitig zugestellt werden kann. Essenslieferungen sind Teil des Angebotes. Kritiker sprechen von einer Uberisierung des Lieferdienstes. Ehemalige Manager berichten von einer rigiden Prekarisierung. Für Steuern 100.00 mit100.000 Elektro-Lieferfahrzeugen ausrüsten. Der Online-Gigant ist mit 700 Millionen an Rivian beteiligt.

32. *Amazon Flex* ergänzt seit 2015 die Fahrzeugflotte von Amazon, in Deutschland seit 2019. Firmenexterne bringen ihr privates Fahrzeug in die Logistik ein und liefern vorwiegend jene Pakete, die nicht mehr rechtzeitig in ein Amazon-Firmenfahrzeug geladen werden konnten. So soll verhindert werden, dass ein Paket nicht rechtzeitig zugestellt werden kann. Essenslieferungen sind Teil des Angebotes. Kritiker sprechen von einer Uberisierung des Lieferdienstes. Ehemalige Manager berichten von einer rigiden Prekarisierung. Für Steuern und Abgaben, für Benzin-, Versicherungs- und Wartungskosten kommen die Zusteller selbst auf.

Elektro-Car von Rivian

Wer als „selbständiger Unternehmer" in die Dienste von Amaxon Flex tritt, muss der Installation von vier Überwachungskameras zwecks Gesichtsprotokollierung während des Fahrens zustimmen. Der Nachrichtendienst von Blomberg berichtet von weitgehend KI-gesteuerten Abläufen, von inhumanen Arbeitsbedingungen und von automatisierten Kündigungen.

33. Die Aufstellung von *Amazon Pick-up Stores* ist Teil der Logistik. Der Kunde kauft online und holt die Ware an einem Amazon Hub-

Locker ab. Retouren stellt er ebenfalls hier ein. In Deutschland stehen

© by Amazon

momentan schon ca. 1.000 solcher Abholautomaten, aber Amazon verweigert genaue Angaben zur Anzahl. Mit diesen Abholstationen hofft Amazon das Problem der „Last Mile" zu mindern. Last Mile bezeichnet den allerletzten Teil des Zustellungsprozesses. Der Weg vom Verteilzentrum zum Kunden erfordert einen hohen Arbeits- und Zeitaufwand. Die Kosten für die „letzte Meile" betragen je nach Berechnung zwischen 28% und 58% der Transportkosten. Auch wegen der Verkehrs- und Umwelt-belastung durch Lieferwagen wird nach technologischen und organisatorischen Lösungen gesucht.

34. Zur Logistik gehören auch die 200.000 Transportroboter von *Amazon Robotics*, die in den Logistik- und den Verteilzentren die Bestellungen kommissionieren. Das Roboterwerk ging bei dem Kauf von Kiva-Systems in den Besitz von Amazon über.

Der zur Otto-Gruppe gehörende Lieferdienst Hermes scheint auf diese Entwicklung zu reagieren. So stieß Otto 2020 ein Viertel seiner Hermesanteile an die US-Investmentgesellschaft Advent und 75 Prozent an Hermes Großbritannien ab. Es ist wohl nur noch eine Frage der Zeit, bis

© by Amazon

Amazons Paketvolumen ausreichend groß ist, um den Transport zum Kunden ganz zu übernehmen, und das auch für andere Versender.

35. *Amazon Air* ist ein Teil der Logistik. Gegenwärtig besteht die Flotte aus 69 Frachtfliegern der Marke Boeing 767-300. Bis Ende 2022 wird das Frachtgeschwader auf 90 Flugzeuge anwachsen. Ergänzend hierzu erwarb Amazon 2016 die Genehmigung, Frachtdienste auf See als Mittler anzubieten. Es wird nicht lange dauern, bis Amazon in der Seefracht-Branche den Ton angibt.

An der Logistik und den Eigenmarken zeigt sich, dass Amazon vertikal strukturiert ist. Der Konzern beschafft die Ware und lässt sie teilweise nach seinen Vorgaben herstellen, präsentiert sie im weltgrößten Schaufenster, liefert aus und hat sich last but not least an dem Unternehmen beteiligt, das 100.000 Elektro-Lieferwagen für Amazon herstellen soll. Amazon ist als Einkäufer, teilweise als Hersteller, als Verkäufer und Lieferant aktiv. Das sind verschiedene Stufen des Gesamtprozesses. Ein ehemaliger enger Mitarbeiter von Jeff Bezos hierzu: *„Jeffs Idee ist es, dass sie in naher Zukunft ein Kajak bei Amazon kaufen können. Und nachdem Sie das Kajak gekauft haben, können sie Orte zum Kajakfahren und Reisedienstleistungen bei Amazon buchen. "*[26]

Amazon Frachtflugzeug

Eine vertikale Organisation beruht in der Regel auf strikter Hierarchie mit viel Kontrolle. Vielleicht ist dieses mitursächlich für die Klagen der Lagerangestellten über das Betriebsklima im Konzern. Der vertikalen Organisation steht die horizontale gegenüber, bei der vieles oder alles an andere Marktakteure ausgegliedert wird. Im Kern geht es um die Organisationstiefe.

36. Es geht aber nicht nur um Amazons Logistik. Mit dem Geschäftszweig *„Fulfillment by Amazon"* (FBA) können andere Online-Händler ihre Angebote auf der Amazon-Plattform anbieten, aber auch lagern, verpacken, kommissionieren, frankieren und an den Endkunden versenden lassen. Den Händlern bietet sich dadurch eine größere Reichweite. Amazon bietet neben der Zustellung auch die Retourenabwicklung. Der Hinweis: „Versand durch Amazon" erzeugt beim Besteller eine positive Stimmung für das Angebot. Damit tritt Amazon in Konkurrenz zu UPS, FedEx und DHL, so, wie es bei straßengebundenen Transportfahrzeugen heute schon der Fall ist.

37. *Delivery Service Partner.* In Amerika wird das vorweggenommen, was in Deutschland einige Jahre später folgt. Auch hier wird die Luft für DHL & Co. dünner. 2020 baute Amazon sein Programm „Delivery Service Partner" aus. Menschen sind eingeladen, mit einem eigenen Paketdienst für Amazon Bestellungen auszuführen. Amazon unterstützt dieses mit Krediten und Leasingfahrzeugen nebst Versicherungen, vergünstigtem Benzin und einem Trainingsprogramm für die zukünftigen Unternehmer. In diesem Neoliberalismus-Pur-Programm werden Normalbürger im Gewand von Franchising abhängige „Unternehmer", denn diese müssen ihre Dienste exklusiv Amazon anbieten. In Amerika gab es einen Ansturm von Interessenten auf dieses Programm, das nunmehr auch in Deutschland umgesetzt wird.

38. Einige eng spezialisierte Tochterunternehmen, zumeist Klein- und Mittelunternehmen aus dem Amazon-Imperium, blieben hier unerwähnt, darunter DPReview, ein Fachgeschäft rund um die Digitalfotografie oder Fabric.com, ein Online-Store, der ausschließlichen Stoffe, Modedesign, Textilien und ähnliches vertreibt.

39. Fast unbemerkt hat sich Amazon zum unternehmerischen *Abnehmer erneuerbarer Energien* entwickelt. Weltweit betreibt der Konzern 232 Projekte mit einer erneuerbaren Energiekapazität von 10 Gigawatt. Damit könnten 2,5 Millionen US-Haushalte mit Strom versorgt werden. Der Konzern plant, seinen Geschäftsbetrieb bis 2025 vollständig zu dekarbonisieren. Jeff Bezos hierzu: *„Wir arbeiten hart daran, The Climate Pledge zu erfüllen – unsere Verpflichtung, bis 2040, also 10 Jahre vor dem Pariser Abkommen, Netto-Null-CO2-Emissionen zu erreichen."*[27]

4.4 Amazons Engagement im stationären Einzelhandel

Es wird viel darüber lamentiert, dass Amazon umfassend in den stationären Einzelhandel einsteigen wird. Sicher ist, dass der Online-Lieferservice für Lebensmittel ausgebaut werden soll. Der Konzern testet zwei Dutzend Geschäftsfelder, hat aber noch keine passende Größe und Branche gefunden. Unabhängig hiervon rückt der Versandhändler immer näher an seine Kunden heran, so beispielsweise mit Prime Now in München und Berlin. Prime-Kunden wird eine Turbolieferung innerhalb von nur einer Stunde versprochen. Die Kooperation des hessischen Vollsortimenters Tegut mit Amazon garantiert die Lieferung bestellter Waren nach zwei Stunden. Tegut betreibt 283 Filialen, die zum schweizerischen Migros-Konzern gehören. Für Restaurants sind das schlechte Aussichten, denn blitzschnelle Lieferungen laden zum Abendessen am eigenen Esstisch ein. Bestellungen werden immer weniger über das Smartphone oder den heimischen Computer aufgegeben, sondern Alexa übergeben. Es gibt keine offizielle Statistik, aber Experten gehen von elf Millionen deutschen Nutzern (2020) aus.[28] In Deutschland beträgt Amazons Anteil am Online-Einzelhandelsumsatz 53 Prozent (2020). 2019 waren es noch 48 Prozent. Am Gesamtumsatz des deutschen Einzelhandels ist Amazon mit 6,7 Prozent beteiligt. 2018 waren es 4,5, 2019 5,2 und 2020 6,7 Prozent. Der Trend geht aufwärts. Er wird sich verstärken, wenn Amazon seine Strategie, wenn möglich nur eine Stunde vom Kunden entfernt zu sein, realisiert hat. Für 45 Prozent der US-Bevölkerung befindet sich das nächste Warenlager im Umkreis von 30 Kilometern. Amazon plant seinen Anteil an der Lebensmittelversorgung in den USA, ein Land mit 328 Millionen Einwohnern, von vier auf 20 Prozent bis 2025 zu steigern. Das ist erreichbar, denn der größte Umsatz im Handel wird in physischen Ladenschäften gemacht. So gibt der amerikanische Verbraucher 20 Prozent seiner Gesamtausgaben für Lebensmittel aus.

Was wird aus dem stationären Handel? Er wird nicht vollständig verschwinden. Es bleiben viele Kunden, die die Ware sehen, anfassen oder auch anprobieren wollen. Das gilt insbesondere für unverpackte Ware im Lebensmittelsektor. Verschwinden wird aber die den stationären Handel bisher betreibende Mittelschicht. An die Stelle der früher von einem Drogisten betriebenen Drogerie sind dm, Rossmann und Müller getreten. Optiker werden von Apollo und Fielmann verdrängt. Es verschwinden nicht nur Tante Emma-Läden, sondern eine große demografische Kohorte wird zur Schlachtbank geführt. Franchise füllt zwar eine Immobilienlücke in der City, aber keine Kommunikationslücke zwischen Tante Emma und Kunden.

Aber selbst Schwergewichte des Handels wie Schlecker, Sinn-Leffers, Hertie, Karstadt und Wöhrl mussten den Weg zum Insolvenzrichter antreten. Überleben werden die Großshops, die es verstehen, Stationshandel mit Online-Commerce zu verbinden. Das sind jene Unternehmen, die ihr Angebot in der Innenstadt und ergänzend auf dem Bildschirm präsentieren. Der Monitor ist an die Stelle des Katalogs getreten, er ersetzt das Schaufenster für alle, die fernab der Königsallee, der Zeil oder der Mönckebergstraße wohnen. Händlern, die beim Multi-Channel-Business nicht dabei sind, nützen auch die schönsten Schaufenster nichts.

Amazons Strategie basiert auf einem solchen Multi-Channel-Ansatz. Bezos nutzt die Dominanz der Onlinewelt, um auch im stationären Handel Platzhirsch zu werden. Dieses Konzept wird an vielfältigen Bereichen deutlich, in denen der Onlineriese versucht, Berührungspunkte mit den Nutzern und Kunden herzustellen. Hierfür braucht der Konzern keine Kaufhäuser à la Karstadt und Kaufhof, sondern schafft kleine Erlebniswelten in bereits bestehenden Geschäften. Man will so eine Brücke zwischen dem Onlinehandel und haptisch einkaufenden Menschen schlagen. Das ist unter anderem auch deshalb notwendig, da nach Meinung von Experten, so Scott Galloway, der reine Onlinehandel allein nicht wirtschaftlich tragfähig ist. Ohne Prime hätte Amazon Probleme mit der Kundentreue und Kalkulation. Dank Prime übernimmt der Kunde einen Teil der Kosten für die teure Logistikinfrastruktur. Rund 70 Prozent des Amazon-Umsatzes wird von Prime-Mitgliedern realisiert. Die kassenlosen Supermärkte „Amazon Go" könnten hierbei eine wichtige Rolle spielen. Amazon plant rund 3.000 neue Filialen. Die etablierten Supermarktketten haben allen Grund sich zu fürchten, denn dem Kunden bleiben lange Schlangen an den Kassen erspart.

Obwohl es schwer ist, aus dem reinen E-Commerce Gewinne zu erzielen, ist Amazons Handelsbereich für sich allein ein werthaltiges Unternehmen. Das Vertrauen der Kunden in die Handelsplattform färbt auf die anderen Geschäftsbereiche ab. *„Rückblickend war Amazons Einzelhandelsplattform vielleicht nur das trojanische Pferd, das die Kundenbeziehungen und die Marke etablierte, die es später mit anderen Geschäftsbereichen zu Geld machte.“*[29]

Amazons wertvollster Bilanzposten ist das Vertrauen der Konsumenten. Diese erlauben es dem Konzern, über Alexa Unterhaltungen mitzuhören und Kaufdaten abzufischen. Im Grunde handelt es sich um einen genehmigten Einblick in das Privatleben von Menschen.

4.5 Alexa und die Rolle der Künstlichen Intelligenz

Datenerfassung ist der zentrale Kern des Geschäftsmodells. Amazon erfasst sehr gründlich Daten von allen und allem, was geschäftlich irgendwie relevant ist.

Die Stimmtechnologie Alexa spielt dabei eine wichtige Rolle. Sie wird sich zusammen mit den dazugehörenden Geräten, beispielsweise Echo, als Hauptkraft der Zerstörung der alten Handelswelt erweisen. Bisher war es der Kapitalismus selbst, der den Kapitalismus transformierte. Die Großen fraßen die Kleinen. Das bleibt zwar so, aber mit Alexa kommt eine Waffe mit größter Schlagkraft zum Einsatz. Diese wird zunächst das Markenzeitalter in seiner jetzigen Form zum Einsturz bringen. Viele Menschen verzichten auf die Sucheingabe per Tastatur, sie fragen Alexa und bestellen mit der Stimme. Sie beginnen ihre Suche auf Amazon.

Viele dieser Suchanfragen erfolgen ohne Nennung eines Markennamens oder des Preislimits. Jemand, der Batterien benötigt, dem wird zuvorderst das Amazon-Eigenprodukt angezeigt, dann erst kommen andere Anbieter. Das bewirkt, dass ein Drittel des Online-Batterieabsatzes auf die Eigenmarke Amazon-Basics entfällt. Die komplette Abwicklung über den Bezahlungsvorgang bis hin zur Rücksendung kann über Alexa abgewickelt werden, und das entweder auf dem eigenen Bildschirm oder mit dem Echo Show-Gerät. Einfacher geht es nicht. Kunden sind erfreut, Mitbewerber verärgert.

Wenn aber Einkäufe vorzugsweise über das Internet oder gar über Alexa getätigt werden, wird das Produktdesign, die Verpackung, das Materialgefühl oder haptische Eigenschaften zweitrangig. Das gilt ebenso für das Produktmarketing. Berufe, die dem Marketing zuarbeiten, verlieren an Bedeutung, schreibt US-Marketingprofessor Scott Galloway und proklamiert: *„Der Tod der Marken hat einen Namen: Alexa.“*[30]

4.6 Bezos Investmentengagements

Bezos Imperium wird in seiner Gänze deutlich, wenn man seine Privatengagements in die Betrachtung einbezieht. Diese werden von der Investmentgesellschaft Bezos Expeditions mit Sitz auf der Insel Mercer Island im Bundesstaat Washington gemanagt. Dazu gehören Schwergewichte wie Uber, Twitter, Airbnb, Basecamp, Blue Origin (schon vorne genannt), Business Insider, Clock of the Long Now Domo, GRAI, D-Wave Systems General Assembly, Juno Therapeutics, Lookout, Nextdoor, NotCo, Overtime, Pioneer Square Labs, Rescale, Sonder Corp., Stack Overflow, The Washington Post, Unity Biotechnology, Vicarious, Workday und Zocdoc.

Bezos Privatinvestments

Airbnb, Basecamp, Blue Origin, Business Insider, Convoy, Domo, D-Wave Systems, General Assembly, Fundbox, General Fusion, Glassybaby, Clock of the Long Now, GRAIL, Juno Therapeutics, Lookout, Overtime, Pioneer Square Labs, Rescale,

MakerBot, Nextdoor, Sonder Corp, Stack Overflow, The Washington Post, Twitter, Uber, Unity Biotechnology, Vicarious, Workday, Zodoc

---

Da sich diese Engagements außerhalb der Amazon Aktiengesellschaft bewegen, gibt es keine oder nur wenige Daten über Bezos Anteile und seine Rolle.

Zum guten Ton von Multimilliardären gehören philanthropische Aktivitäten, die in den Zuständigkeitsbereich von Bezos Expeditions fallen. Zu nennen wären das Bezos Center for Neural Circuit Dynamics am Princeton Neuroscience Institute, das Innovationszentrum im Seattle Museum of History and Industry und die supergenaue mechanische 10.000-Jahres-Uhr in Texas, die er mit 42 Millionen US-Dollar finanzierte.

4.7 Amazon als Arbeitgeber

Amazon ist der Big Brother der Arbeits- und der Handelswelt. Mit KI wird der Kunde mehrdimensional ausgeleuchtet und durchleuchtet. Amazon weiß, was Menschen wünschen, und macht seinen Kundinnen und Kunden entsprechende Kaufvorschläge. Der Online-Moloch präsentiert sich sehr kundenorientiert. Freundlichkeit in der Reklamationsabwicklung ist die Kehrseite des weltweiten Kunden-Überwachungsregimes. Die Käufer erfahren Freundlichkeit, von der Überwachung wissen sie nichts. Aber auch Mitarbeiter werden zwecks Kontrolle sozusagen „verglast", um sie auf Schritt und Tritt digital zu verfolgen und allumfassend zu überwachen. Der Internationale Gewerkschaftsbund kürte Amazon zum „schlechtesten Arbeitgeber der Welt".

Konzerne haben besondere Systeme für ihr Human Resources-Management. Bei Amazon wird die „unregretted attrition" (URA) praktiziert. Danach sind Manager gehalten, dafür zu sorgen, dass ein bestimmter Prozentsatz an Mitarbeitern das Unternehmen wieder verlässt – entweder freiwillig oder durch eine Kündigung. Im Vorstandsbereich gelten sechs Prozent als Ziel. Mitarbeiter bezeichnen dieses als „Hire to Fire". Verfehlt ein Manager dieses Ziel wird das Defizit auf das Folgejahr fortgeschrieben.

Großes Aufsehen erlangte Amazon 2020 mit seinem neuen KI-Überwachungspaket, das an den Big Brother aus Orwells Roman „1984" erinnert. Zu den schlimmsten Praktiken gehören sekundengenaue Leistungsmessungen. Wer nicht schnell genug arbeitet, hat Arbeitszeit verschwendet, „time off task", wie es konzernintern heißt. Ein Armband stellt sicher, dass die Handgriffe in die richtige Richtung gehen. Falls nicht, vibriert das Gerät. Schon 2019 hatte Amazon ein System zur Erfassung von Arbeitsauszeiten von Mitarbeitern im Lager eingeführt. Gemeint sind hier indirekte Tätigkeiten im Zusammenhang mit der Hauptarbeit. Es soll vorkommen, dass das System Kündigungen autonom ausspricht, was Amazon jedoch bestreitet.

Der Konzern betont, dass seine Überwachungspraktiken der Sicherheit und Gesundheit der Arbeitnehmer dienen. Dazu zählt insbesondere die Videoüberwachung der Paketzusteller im Lieferfahrzeug. Das „Netradyne Driveri System" besteht aus einer zigarettenschachtelgroßen KI-Kamera mit vier HD-Linsen, die auf die Straße, den Fahrer und zweimal seitlich ausgerichtet sind (siehe Abbildung). Aufgezeichnet werden 16 mögliche Ereignisse wie abruptes Bremsen, starkes Beschleunigen,

schnelles Fahren, enges Auffahren oder das Übersehen von Verkehrszeichen. In einigen Fällen reagiert das System wie ein Fahrlehrer mit Aufforderungen zur Änderung der Fahrweise, in anderen Fällen werden Problemsituationen protokolliert. Die Quote der Videoaufzeichnungen beträgt 100 Prozent.

In Europa ist die gewerkschaftsfeindliche Haltung des reichsten Mannes der Welt, Jeff Bezos, allgemein bekannt. In den USA werden nicht nur Amazon-Mitarbeiter, sondern auch die Gewerkschaften systematisch überwacht. 2017 erwarb Amazon die Supermarktkette Whole Foods Market Inc. mit über 500 Filialen. Das Amazon-Management bemerkte eine gewerkschaftsfreundliche Einstellung der Mitarbeiter. Daraufhin ließ man jene *„Filialen identifizieren, bei denen das Risiko einer gewerkschaftlichen Organisation besteht. "*[31] Amazon erklärt, dass die Mitarbeiter lieber eine „direkte Beziehung" zum Management wünschen als eine gewerkschaftliche Vertretung. Außerdem, so der Hinweis auf der Internetseite von Amazon, zahle der Konzern überdurchschnittliche Löhne und Zuschüsse.[32]

Über Wochen hinweg wurde weltweit über die umkämpfte Gründung einer Gewerkschaft im Amazon-Logistik-Center in Bessemer (Alabama) berichtet. Das Management schoss aus allen Rohren antigewerkschaftliche Salven in die Belegschaft und konnte die Schlacht für sich entscheiden. In einer TV-öffentlichen Abstimmung der 5.800 Mitarbeiter an dem Standort stimmten letztendlich nur 600 für eine örtliche Gewerkschaftsvertretung. Bezos verkündete: „*Wir haben Personalvertretungen. Und wir pflegen eine sehr gute Kommunikation mit unseren Mitarbeitern. Wir glauben nicht, dass wir eine Gewerkschaft brauchen, um einen Vermittler zwischen uns und unseren Mitarbeitenden zu haben. Am Ende des Tages ist es natürlich immer die Entscheidung der Angestellten – und so sollte es auch bleiben.*"[33]

Es sind relativ wenige, die sich über die gewerkschaftsfeindliche Einstellung vom Amazon-Imperator beklagen. In einem Land, in dem sich die Industriearbeitsplätze ausdünnen, ist Amazon an vielen Orten als Arbeitgeber willkommen.

Uns Europäer mag es trösten, dass hier die Amazon-Praxis aus den USA beschrieben wurde. Glücklicherweise gibt es hier die aus der DSGVO resultierende Hindernisse, die eine Videoüberwachung behindern. Hier bedient man sich der Hilfe von Sicherheitsunternehmen wie der „Pinkerton Spy Agency", die gewerkschaftsnahe Lagerangestellte ausspioniert.

4.8 Arbeitsbedingungen

Die Themen Arbeitsbedingungen und -sicherheit sind Dauerbrenner der Publizistik. Wie eine neue Studie des Strategic Organizing Centers aus 2021 zeigt, verletzen sich in den Amazon Warehouses bedeutend mehr Mitarbeiter als bei vergleichbaren Konkurrenten. Die Gesamtverletzungsrate lag 2020 bei 6,5 Fällen pro 100 Mitarbeiter, doppelt so viel wie beim Konkurrenten Walmart. Beklagt wird der Arbeitsdruck, das Verbot von FFP2-Masken während der Corona-Pandemie, die Überwachung der Belegschaften, der Kampf gegen Belegschaftsvertretungen, Gewerkschaften und Tarifverträge, um nur einige Beispiele für die Arbeitsverhältnisse zu nennen. Der Zeitdruck nötigt die Zustellungsfahrer in leere Flaschen zu urinieren, weil die Zeit zum Toilettengang fehlt.

Auch die flächendeckende Videoüberwachung in den Lagerstätten wird beklagt. Sprechen Beschäftigte miteinander, wird dieses durch die Vorgesetzten unterbunden. Besonders perfide: Amazon führt die Corona-bedingten Abstandsregeln als Grund an, um jede Interaktion zu verhindern. Big Bezos is watching you.

Seitens der Gewerkschaft Verdi wird berichtet: *„Wir beobachten auch in Deutschland, dass Amazon gezielt Menschen sucht und einstellt, die beim Militär gearbeitet haben. Sie sollen die Unternehmenspolitik von Befehl und Gehorsam durchsetzen.“*[34] In einer Stellenanzeige wurde offenbar ein Geheimdienst-Analyst gesucht.

Verdi berichtet weiter, dass ein umfassendes System von Kontrolle durch Maschinen und Daten aufgebaut und umgesetzt wird „Den Mitarbeiterinnen und Mitarbeitern wird fast jede Form der Freiräume im Betrieb genommen. Mit Algorithmen und Digitalisierung werden Beschäftigte zunehmend zum Anhängsel maschineller Prozesse degradiert und ihre Arbeit somit entwertet“.[35]

Selbst Jeff Bezos gab zu, dass der Konzern mehr für seine Mitarbeiter tun müsse. Diese Ankündigung wurde mit einem Superlativ gerahmt: *„Wir werden der beste Arbeitgeber der Welt und der sicherste Arbeitsplatz der Welt sein.“*[36] Da muss wohl noch Einiges geschehen.

So sehr die Klagen über Führung und Zusammenarbeit berechtigt sein mögen, so sehr ist die Kundenorientierung bemerkenswert. Bezos ist der Meinung, es sei wichtig, sich nicht ausschließlich am Wettbewerb zu orientieren, sondern am leibhaftigen Kunden. Bei einer Wettbewerbsorientierung richtet sich die Unternehmensstrategie *gegen* jemanden, bei der Kundenorientierung aber *für* jemanden. Der Kunde und seine Bedürfnisse müssen im Mittelpunkt stehen. Marktmacht verschiebt sich immer mehr zum Kunden hin, der sich dank Internet nahezu problemlos über Preise, Produkte und Services informieren kann.

Amazon sagt von sich selbst, dass man das „kundenorientierteste Unternehmen der Welt“ sein wolle und verweist auf den 2021er Best Brand Award in der Kategorie „Customer Centricity“, der von der

Gesellschaft für Konsumforschung (GFK) verliehen wird. Über den Wert solcher Wirtschaftspreise kann man geteilter Meinung sein. Die GfK teilt mit: *„Als einziger Marketingpreis misst Best Brands auf Basis einer repräsentativen empirischen Studie von der GfK die Stärke einer Marke an zwei Kriterien: am tatsächlichen wirtschaftlichen Markterfolg sowie an der psychologischen Attraktivität der Marke in der Wahrnehmung der Verbraucher, die letztlich auch den künftigen Erfolg ausmacht."*[37]

4.9 Forschung und Entwicklung

Die Strategieberatung von Price Waterhouse Cooper hat 2018 die Forschungsausgaben internationaler Großkonzerne ermittelt. Platz eins belegt Amazon mit Forschungsausgaben von 22,6 Milliarden US-Dollar. Dies entspricht 12,8 Prozent der Umsätze. Auf Platz zwei steht Alphabet/Google mit Ausgaben in Höhe von 16,2 Milliarden US-Dollar (14,6 Prozent des Umsatzes). Amazon betreibt weltweit eigene Forschungsstätten. In Deutschland wurde mit der Max-Planck-Gesellschaft eine strategische Zusammenarbeit im Bereich der Künstlichen Intelligenz vereinbart. 1,25 Millionen Euro investiert Amazon in den Aufbau einer Forschungsgruppe im Cyber Valley in Tübingen. Hier forschen 100 Experten für Maschinelles Sehen, Computer Vision und Robotik an autonomer Zustelltechnologie mit Amazon Scout, dem 6-Rad-Roboter, mit dem Pakete bis vor die Tür geliefert werden. Im Berliner Research Center sind 3.500 Mitarbeiter mit der Optimierung von Sprachsystemen, sprich Alexa, beschäftigt. Weitere 1800 Personen sind im Bereich der Hörbuch-Tochter Audible tätig. Am Entwicklungszentrum in Aachen, in Nachbarschaft zur RWTH, arbeiten 85 Mitarbeiter am Thema Spracherkennung, davon 50 fest und 35 als Freelancer. Das Dresdner Forschungs- und Entwicklungszentrum beschäftigt etwa 100 Informatiker und Software-Entwickler. Dort geht es um die Nutzung des Linux-Betriebssystems und um Cloud Computing-Dienste von Amazon Web Services.

5. META/Facebook

Es begann 2003 mit einem eher frauenfeindlichen Studentengag in der Harvard-University. Mark Zuckerberg hatte den Server der Hochschule gehackt und Fotos von Kommilitoninnen auf seiner Webseite namens „Facemash" veröffentlicht. Die Besucher seiner Plattform sollten öffentlich über die Attraktivität der Studentinnen befinden. Hierfür hatte er keine Genehmigung. Natürlich bekam er Probleme. Die aber waren gemessen an den weiteren Ereignissen fast bedeutungslos. Zuckerbergs Webseite stieß auf großes Interesse. Das zeigte sich an der Menge der Klickraten. Diese verrieten, wie sehr sich Menschen für Menschen ihres Umfeldes interessieren und wie groß das Bedürfnis nach Interaktion mit ihnen ist. Ohne großen Aufwand strickten Zuckerberg und drei Mitstreiter die Erstversion von Facebook Harvard-Studenten bekamen ihre eigene kleine Seite, von der aus sie ihre Kontakte managen konnten. Nunmehr war es möglich, sich in der Form zu präsentieren, in der man wahrgenommen werden möchte. Es wurde auch möglich, Nachrichten zu versenden oder zu chatten. Von 2009 an konnten Inhalte mit dem Like-Button positiv oder negativ bewertet werden. Der Nutzer stieg zum Souverän auf. Das pushte dessen Selbstwertgefühl. Das Like-Zeichen wurde zum Erkennungssymbol der neuen Internetcommunity.

Plötzlich gab es ein mediales Produkt, für das für das es zuvor keine Nachfrage und ergo auch keinen Markt gab. Facebook breitete sich so schnell wie Coronaviren aus, zunächst von Universität zu Universität, dann aber auch in der außerakademischen Welt. Darüber war selbst Zuckerberg erstaunt. Nur wenige Tage nach Einführung soll er sich in einem Chat über die „Dumpfbacken" lustig gemacht haben, die ihm freiwillig und kostenlos E-Mails, Adressen und Bilder zur Verfügung gestellt hatten.[38]

Im Mai 2012 beschritt Zuckerberg das Börsenparkett. Der Ausgabekurs der Facebook Aktie rutschte in der ersten Woche von 38 auf 33 USD. Die Börsenaufsicht stellte fest, dass Facebook Kleinanlegern Informationen vorenthalten habe. *„Früh übt sich, was ein Meister werden will"*, schrieb Friedrich Schiller im Wilhelm Tell. Zuckerberg übte sich an den folgenden Sammelklagen von Kleinanlegern, die sich betrogen fühlten. Aber auch der Europäischen Kommission wurden wesentliche Dinge im Zusammenhang mit der Verschmelzung von Facebook und WhatsApp verschwiegen. Mit 110 Millionen Euro Strafgebühr wurde dieses Problem aus der Welt geschafft. Etwas teurer war eine Strafe über 13 Milliarden Euro für nicht gezahlte Steuern.

Facebook Zentrale: Menlo Park (Dachansicht)

5.1 Zahlen, Daten, Fakten

Heute ist Facebook mit mehr als 2,7 Milliarden Nutzern (2021) weltweltweit das meistgenutzte Social-Media-Netzwerk. 1,8 Milliarden Nutzer besuchen das Netzwerk täglich (2020). Menschen verbringen im Schnitt täglich 38 Minuten auf Facebook. Dieser Wert ist von 2018 bis 2019 um 7,8 Prozent gesunken. Zuckerberg ist der Marktführer unter den „eigentlichen" Social-Media-Plattformen. In seinem Kern ist Facebook eine Community, auf der sich Menschen mit ihren Profilen vernetzen und Nachrichten aus unterschiedlichen Motivationen heraus veröffentlichen. Untersuchungen zeigen, dass es sich bei vielen Posts immer weniger um direkte Nachrichten an Freunde handelt, sondern um öffentliche beziehungsweise gesponserte Inhalte. Facebook zählt ca. 140 Millionen aktive Unternehmens-Accounts.

Die Reichweite ist aber nur die eine Seite der Medaille. Auf der anderen Seite befinden sich die Informationen zur Intensität der Nutzung.

Diese nimmt erstaunlich stark ab. Im Durchschnitt sind Nutzer heute eine halbe Stunde weniger auf der Plattform als noch 2020.

Der Konzern ist in geschäftlichen Dingen fast so verschwiegen wie eine Freimaurerloge. Viele Daten beruhen auf Schlussfolgerungen aus diversen Datenquellen. So weiß man, dass sich junge Nutzer seit 2017 von Facebook verabschieden und zu TikTok Instagram oder Snapchat gewechselt sind. Zugleich haben sich Senioren dem Netzwerk von Zuckerberg zugewandt. Nutzer zwischen 55 und 64 Jahren verbringen die meiste Zeit auf Facebook. Die Plattform, aber auch Instagram, beginnt zu altern. Medien sprechen vom „Senioren-Treff“. Die Beweise liegen auf dem Tisch. Dokumente belegen, dass sich hinter vielen Facebook-Konten gar keine physischen Nutzer befinden. Etwa 40 bis 60 Prozent der neuen Nutzer in den USA wurden 2021 von Personen eingerichtet, die bereits über ein anderes Facebook-Konto verfügen. Durch Verschleierung der wahren Nutzerzahlen werden Werbetreibende über Gebühr hinaus belastet.

2020 erzielte Facebook 86 Milliarden USD Umsatz und 30 Milliarden USD Gewinn. Nach verschiedenen Internetquellen hat Facebook einen Börsenwert von 495 Milliarden USD. Der Markenwert beläuft sich seit Juni 2021 auf über eine Billion USD. 55 000 Mitarbeiter tragen in der Kleinstadt Menlo Park (Kalifornien) dazu bei, den Wert des Konzerns zu mehren. 97 Prozent des Umsatzes wurden durch Werbung eingespielt (2021). Google hat mit Facebook einen gleich starken Mitbewerber im Kampf um Fangrechte an Nutzerdaten und die KI-Vorherrschaft.

Die Social-Media-Plattform „Instagram“ gehört zum Facebook Konzern. Sie ist mit über 1,2 Milliarden Nutzer das zweitstärkste soziale Netzwerk. Hier werden Bilder und Videos geteilt. Video-Content verbreitet sich immer mehr und wird geteilt. Rund 500 Millionen User nutzen diese Plattform täglich und verweilen etwa eine Stunde im Programm. Innerhalb eines Tages werden etwa 500 Millionen Stories veröffentlicht. Das entspricht etwa 1.000 Posts pro Sekunde.

2014 erwarb Facebook den 2009 gegründeten Instant-Messaging-Dienst „WhatsApp“. Der Preis klingt außerirdisch: 19 Milliarden USD – 4 Milliarden in bar, der Rest in Form von Facebook-Aktien. Benutzer können auf WhatsApp   Bild-, Video- und Ton-Dateien,

Textnachrichten, Standortinformationen, Dokumente und Kontaktdaten austau-schen. Seit 2015 ist es möglich über WhatsApp weltweit gratis zu telefonieren. Der Dienst hat sich als SMS-Alternative etabliert. Zwei Milliarden Menschen nutzen dieses Angebot mit steigender Tendenz.Die letzten offiziellen Informationen zur Anzahl der Server gab es 2012. In den USA betrieb Facebook 180.000 Server. Von den 15 Rechenzentren befinden sich drei in Europa.

Facebook: Die wichtigsten Daten

Gegründet	2004
Gründer	Mark Zuckerberg
Konzernsitz	Menlo Park, (USA)
Aktive Nutzer weltweit	2,7 Milliarden
Umsatz global 2021	117.9 Milliarden USD
Gewinn 2021	39,37 Milliarden USD
Mitarbeiter 2020	72.000
Markenwert 2022	833,3 Milliarden USD
Marktkapitalisierung	904 Milliarden USD
Aktie 1.10.2021	320 USD
Privatvermögen Zuckerberg	.
➢ nach Forbes	78 Milliarden USD
➢ Blomberg	121 Milliarden USD
➢ allgemein geschätzt	100 Milliarden USD

Unterschiedliche Angaben in unterschiedlichen Quellen

5.2 Zuckerberg, der „gefährlichste Mann der Welt"

Auf der Kommandobrücke des Konzerns steht Mark Zuckerberg, geboren 1984. Sein Studium der Informatik und Psychologie an der Harvard University brach er ab, wurde aber 2017 zum Ehrendoktor ernannt. Sein Anteil an der Facebook Inc. beträgt 28 Prozent. Auf 78 Milliarden USD beläuft sich sein Privatvermögen. Er gilt somit als der siebtreichste Mann der Welt.

Die Zweitautorin des Buches „Inside Facebook Cecilia Kang, beschreibt Zuckerberg als jemanden, der von dem Wunsch nach Anerkennung für sein Lebenswerk getrieben ist. Er gilt als menschenscheu und gnadenlos angriffslustig. *„Buy or Bury - Kaufen oder Plattmachen"* ist seine Devise gegenüber potentiellen Konkurrenten. Zuckerberg regiert wie ein faschistischer Diktator, schreibt die Journalistin und Netzexpertin Kara Swisher. *„Das, was Mark sagt, wird gemacht und jeder weiß das. Er tut etwas sehr Gewagtes und erklärt dann: Oh, tut mir leid, das hab ich nicht gewollt und dann macht er weiter."*[39] Dieses Denken wurde durch den Deutschamerikaner und Trump-Anhänger Peter Thiel geprägt, der als der „Pate" des Silicon Valley gilt. Er vertraute Zuckerberg schon 2005 eine halbe Million USD Wagniskapitel an.

Härte, Entschlossenheit und Beharrlichkeit passen so gar nicht zum Outfit des leger gekleideten Milliardärs in Jeans und T-Shirts und noch weniger zu seinem Credo eines freien Internets. Der Autor des Buches „The Four: Die geheime DNA von Amazon, Apple, Facebook und Google", Scott Galloway, Wirtschaftsprofessor an der New Yorker Universität, meint in Marc Zuckerberg den „gefährlichsten Mann der Welt" zu erkennen. Die Gefahr ergibt sich aus dem Machtanspruch des Unternehmens, sich an die Stelle der Politik setzen zu wollen und dem Zuwachs an Einfluss auf die öffentliche Versorgung mit Informationen. Im Bereich der Social Networks ist Facebook das, was Google für die Welt Anbieter von Suchmaschinen ist: ein Quasi-Monopolist. Zwei Reporterinnen der New York Times, Sheera Frenkel und Cecilia Kang, zeichnen in ihrer 2021 erschienenen Publikation über Facebook ein wenig schmeichelhaftes Bild über Zuckerberg und seinen Konzern. Zwei Grundtendenzen durchziehen die Konzernvita: Rigorose

Datensammlung selbst in den intimsten Bereichen seiner Nutzer und das Angebot Polemik und Propaganda zu verstärken. Es scheint, als wäre aggressives Wachstum das Hauptziel von Zuckerberg und seiner Stellvertreterin Sheryl Sandberg. Letztere steht als Chief Operations Officer mit auf Facebooks Kommandobrücke. Sie kam von Google und übertrug dessen Erfolgskonzept, also den Verkauf von Nutzerdaten, auf Facebook. Ihre Managementleistung wird als hervorragend beurteilt.

5.3 Daten als Diebes- und Handelsgut

Rigoroses Datensammeln bescheinigen die oben genannten Journalistinnen dem Facebook Konzern. Den Datennachschub besorgen zum großen Teil die Nutzer selbst. Klickt jemand das Angebot eines Online-Anbieters an, wird dieses protokolliert. Der Kaufinteressent ist über seine Facebook-ID schnell identifizierbar. Dafür muss er nicht einmal bei Facebook eingeloggt sein. Das Benutzerkonto als solches reicht. Etwa 70 Facebook-Likes genügen, um die Persönlichkeitsmerkmale eines Nutzers zu bestimmen. Ob ein Mensch gewissenhaft oder schlampig arbeitet, ob er konservativ oder progressiv, eher links oder rechts eingestellt ist, ob er seinen Alltag schlecht oder gut bewältigt, lässt sich mit den zur Verfügung stehenden Algorithmen ermitteln.

Es werden selbst die Daten von Menschen gespeichert, die sich willentlich nicht bei Facebook angemeldet haben. In seiner unendlichen „Freundlichkeit" bietet Facebook Nutzern von Smartphones eine kostenlose App an, die Kontakte aus dem Telefonbuch mit Facebook synchronisiert. Damit werden auch die Daten von Nicht-Facebook-Kunden gespeichert und genutzt, ohne dass diese es wissen. Nachrichten werden bei Facebook nicht mehr in chronologischer Reihenfolge, sondern nach der Wahrscheinlichkeit, mit der ein Anwender am Inhalt interessiert ist, präsentiert. Nur 30 Prozent sind relevant. Diese gilt es zu filtern und mit passender Werbung zu begleiten, aus denen bezahlbare Klicks resultieren. Losgröße 1, also Werbung ohne Streuverlust, das ist die Vision der Internetgiganten. Facebook versteht es, die Aufmerksamkeitswecker seiner Nutzer zu erkennen und als sogenannte Verhaltensvoraussagen an werbende Kunden zu verkaufen. Aber, „*das Google- und Facebook-Modell geht weg vom passiven Platzieren passender Werbung immer stärker zur Formung und Manipulation von Wünschen, die dann durch Werbung plus leicht anzuklickende Kaufoption passend erfüllt werden können.*"[40] Dem Verkaufserfolg wird aktiv nachgeholfen, indem Wünsche geweckt und geformt werden und ihnen dann durch Nudging, also Stupsen, nachgeholfen wird.

Seit 2016 nutzt Facebook ein Tool zwecks „racial affinity targeting", mit dem Menschen mittels ihrer Herkunft oder Vorlieben ethnischen Gruppen zugeordnet werden. Seit einem Jahrzehnt stellt der Konzern umfangreiche Daten von Nutzern zum Zwecke personalisierter Werbung zur Verfügung. Jemand, der aus Interesse ein Buch zum Thema „Was tun bei Aids?" im Netz bestellt, muss damit rechnen, dass er nicht nur als Kunde, sondern zugleich als Aidskranker klassifiziert wird, obwohl er das nicht ist.

Ähnliches gilt für andere Themen und Produkte. Die New York Times bezifferte im Juni 2018 die Zahl betroffener Facebooknutzer mit zwei Milliarden. Schon im Juli 2012 wurde bekannt, dass Facebook sogar die rein privaten Nachrichten seiner Nutzer überwacht. Angeblicher Grund: Man wolle mögliche Straftaten im Voraus erkennen. 2018 teilte Facebook mit, dass private Nachrichten von 14 Millionen Nutzern mehrere Tage lang öffentlich angezeigt wurden. Angeblich war das zu Testzwecken notwendig geworden. Der Konzern wurde deswegen vom amerikanischen Bundesamt für Sicherheitstechnik gerügt.

5.4 Rechtsverstöße am laufenden Bande

Im Rahmen einer juristischen Auseinandersetzung in Österreich musste Facebook offenlegen, welche Daten gesammelt und genutzt werden (s. Folgeseite). Die Nennungen in der nachfolgenden Liste sind leider unvollständig. In den Datensätzen fehlen viele Informationen, beispielsweise die „Gefällt mir" Funktion, Tracking auf Webseiten, Gesichtserkennung, Videos, Postings auf den Seiten anderer User, Indikatoren, welche die Intensität von Beziehungen anzeigen, Markierungen, die entfernt wurden und anderes mehr. Doch schon die genannten Angaben belegen das, was der langjährige MIT- Forscher und jetzige Frauenhofer Direktor, Iyad Rahwan, so ausdrückte:

„Manche Onlineplattformen wissen mehr über uns als die Stasi jemals über ihre Bürger wusste.“[41]

Ende 2018 musste Facebook zum wiederholten Male ein gravierendes Datenschutzvergehen gestehen. Infolge eines Bugs, also eines Programm- oder Softwarefehlers, hatten Apps von Drittanbietern vom 13. bis 25. September 2018 Zugriff auf Bilder von 6,8 Millionen Nutzern, selbst auf solche, die von den Nutzern nicht freigegeben waren. Merkwürdig war, dass Facebook diesen Fehler erst Monate nach dem Vorfall bekannt gab. Die Frage, wann genau das Datenleck geschlossen wurde, blieb unbeantwortet. Obwohl Facebook als börsennotiertes Unternehmen publizitätspflichtig ist und von seinen Nutzern verlangt, der

Diese Daten vereinnahmt Facebook von seinen Nutzern

A. DATA CATEGORIES IN OUR DATA SETS	42 Political Views
01 About Me	43 Privacy Settings
02 Account End Date	44 Profile Blurb
03 Account Status History	45 Realtime Activities
04 Address	46 Recent Activities
05 Alternate Name	47 Registration Date
06 Applications	48 Relationship
07 Chat	49 Religious Views
08 Checkins	50 Removed Friends
09 Connections	51 Screen Names
10 Credit Cards	52 Shares
11 Currency	53 Status Updates
12 Current City	54 Vanity
14 Education	55 Wallposts
13 Date of Birth	56 Website
15 E-Mails	57 Work
16 Events	
17 Family	B. DATA CATEGORIES FOUND IN THE REPORT AND COMPLAINT
18 Favourite Quotes	
19 Friend Requests	01 Wall Posts on others' walls
20 Friends	02 Videos
21 Gender	03 Likes on Site

22 Groups 23 Hometown 24 Last Location 25 Linked Accounts 26 Locale 27 Logins 28 Machines 29 Messages 30 Minifeed 31 Name 32 Name Changes 33 Networks 35 Notification settings 36 Notifications 37 Password 38 Phone Numbers 39 Photos 40 Physical Tokens 41 Pokes	04 Cookie related information such a browser information 05 News Feed Settings 06 Pages views while logged in 09 Facial Recognition 10 Searches within Facebook while logged C. DATA CATEGORIES FOUND IN COMPLAINT ONLY 01 Interaction with Advertisement 02 Conversation Tracking 03 Indication of Relationships 04 Removed Tags Like Button Tracking 05 Friend Finder Outcomes of Processes, Matching 06 Data from Syncronisation 07 Details on Relationships to Friends 08 Ractions and Interaction with Wall Posts
D. DATA CATEGORIES FOUND IN THE REPORT ONLY 01 Apps Admin 02 Friends' E-Mail address 03 Likes off Site 04 Pages Admin 05 Profile Status 06 Change Subscribers Subscriptions 07 Unlike 08 Verified Mobile Numbers	E. UNKNOWN OTHER DATA CATEGORIES There might be more data categories we don't know about so far. We got an internal list of additional categories which Facebook likely holds about every user.

Auswertung ihrer persönlichen Daten zuzustimmen, dringt über die eigenen Werbe- und Datengeschäfte so gut wie nichts nach außen. Im April 2021 wurden die Adressen von 533 Millionen Facebook-Nutzern zum Verkauf angeboten. Hacker hatten diese schon 2019 durch Missbrauch der Funktion zur Freundessuche erbeutet. Solche Vorkommnisse kratzen am Lack der zuckerbergischen Geldmaschine.

Auch bei Amazon gab es zu diesem Zeitpunkt ein schwerwiegendes Datenschutzproblem. Auf der Webseite des Onlinehändlers wurden die Namen von Kunden und deren E-Mail-Adresse angezeigt. Was genau passierte, wo die Daten wie lange einsehbar waren, blieb ebenso unbeantwortet wie die Frage, wie viele Kunden weltweit von dem Vorfall betroffen waren. Amazon erklärte lapidar dazu: *„Wir haben das Problem behoben und die betroffenen Kunden informiert.“*[42] Dieser und ähnliche Vorfälle tragen nicht dazu bei, Amazons Anspruch, das kundenfreundlichste Unternehmen der Welt zu sein, einzulösen.

Facebook und Google wurde mehrfach nachgewiesen, dass sie ihre Nutzer ohne deren Wissen manipulieren und die dazugehörenden Instrumente am Nutzer erproben und verfeinern. Zuckerberg rechtfertigt das so: *„Wir haben entschieden, dass das jetzt die sozialen Normen sind, also haben wir es einfach getan.“*[43] Wer hat dieses Verhalten genehmigt? Wiederholt haben Experten davon gesprochen, dass Plattformnutzer via Social Media ungefragt am größten Sozialexperiment aller Zeiten teilnehmen, einem, das ohne Regeln tief in unser Leben eindringt. Das wäre doch eigentlich ein Thema für den von Facebook mit 7,5 Millionen Euro finanzierten Ethik-Lehrstuhl an der Technischen Universität München. Falls aber die Ergebnisse nicht im Sinne von Facebook sind, können die Mittel jederzeit gesperrt werden, schrieb der „Tagesspiegel“.

Die Liste der Facebook Rechtsverstöße ist lang. Mitte Dezember 2018 leitet die irische Datenschutzbehörde eine Untersuchung zu diversen Vorfällen bei Facebook ein. Das Schlimmste war wohl die Weitergabe von etwa 87 Millionen Profilen an den Wahlkampfmanipulator Cambridge Analytica, mit der Donald Trumps Erfolge in den „Swing States“ gesichert und damit dessen Wahlsieg herbeigeführt wurde.

Dieser Rechtsverstoß wurde mit einer Strafe von fünf Milliarden USD belegt. Bei einem Jahresumsatz von 86 Milliarden konnte Facebook das leicht verkraften und seine *„Taktik der Irreführung und Verschleierung“*[44], so Shoshana Zuboff vom MIT, fortführen. Die fünf Milliarden USD hatten keinerlei Wirkung auf den Börsenkurs von Facebook in jenen Tagen.

Der Fall Cambridge Analytica ist nur ein Beispiel unter vielen ähnlichen Fällen. Er zeigt, wie verantwortungslos Facebook mit seiner Datenmacht umgeht. Wir sollten uns durch die vielen Meldungen über russische, chinesische und nordkoreanische Hackerangriffe nicht von der Macht des Digitalquartetts Google, Amazon, Facebook, Apple ablenken lassen. Für interessierte Leser dieser Hinweis: Wikipedia beschreibt unter https://de.wikipedia.org /wiki/Kritik_an_Facebook die fragwürdigen und rechtswidrigen Praktiken des Facebook-Konzerns.

Ein Jahrzehnt lang sorgte die Gesichtserkennung von Facebook für viel Kritik und Sorge. Mehr als eine Milliarde Gesichter sind gespeichert. Die Rechtmäßigkeit wurde mehrfach von Gerichten geprüft und gerügt. Das war mit der Grund warum Facebook Ende Oktober 2021 bekannt gab, das Gesichtserkennungs-Features abzuschalten und die gespeicherten Daten zu löschen.

5.5 „Verführung“ Minderjähriger

Daten junger Menschen sind besonders werthaltig. Diese Zielgruppe sammelt Markenerfahrungen bereits im frühen Alter, die im fortgeschrittenen Alter als Fundament für Kaufentscheidungen dienen. Ihr verfügbares Einkommen wächst stetig. Sie beeinflussen auch das Ausgabeverhalten ihrer Eltern. Da ihre Bindung zu den konventionellen Informationsmedien, wie Presse und Fernsehen, abnimmt und Informationen zunehmend aus dem Netz bezogen werden, bleibt ihnen Social Media dicht auf den Fersen. Facebook spielt hierbei die Erste Geige.

Diese Hauptrolle wird an der Menge täglicher Verhaltensvoraussagen deutlich. Facebook produziere nach eigenen Angaben davon täglich 200 Billionen (kein Druckfehler!). Das sind 1000 Vorhersagen pro Nutzer am Tag. Die geschöpften Daten werden in Verhaltensprofilen zusammengeführt, veredelt und speziellen Märkten angeboten. Der Handel erfolgt rechnergestützt.

Der MIT-Digitalpionier Alex Pentland (*1951) preist Facebook als perfektes Milieu, sozialen Druck auf das Verhalten von Menschen auszuüben, ohne das diese es spüren, ja sogar psychische Entzugserscheinungen verspüren, wenn sie keinen Zugriff mehr auf diesen Netzköder haben. Bei Jugendlichen wird ein großer Teil des Tagesablaufs von Facebook geprägt. Die Verabredung zu einem zwanglosen Treffen mit Freunden ist ohne die Social-Media-Plattform fast nicht möglich. Pubertäre Jugendliche können es sich nicht leisten, kein Facebook-Konto zu haben. Das Sozialprestige in Freundesgruppen würde sinken, obwohl die sogenannten „Freunde" eigentlich nur Klick-Kumpels sind.

Die 2009 eingeführten „Likes" geben dem Nutzer Auskunft über sein Sozialprestige. Viele Aufwärtslikes = positives Feedback. Verschiedene Studien kamen zu dem Schluss, dass adoleszente Facebook Nutzer das Gefühl hatten, *„eines Teils ihrer selbst verlustig gegangen zu sein"*,[45] wenn der Nachschub an Klicks ausblieb. Vieles deutet auf eine psychologische Abhängigkeit von „den anderen" hin. Ein Post ohne Likes ist eine Art Vorverurteilung. Nutzer müssen sich darum etwas einfallen lassen, wahrgenommen zu werden: Fotos hochladen, Kommentare abgeben, etwas von sich berichten und klicken, klicken und nochmals klicken. Klicks sind Daten und Facebook lässt sich mit Daten honorieren, Daten, die mit Instagram und WhatsApp kombiniert werden, um Synthesedaten, nennen wir sie mal so, zu generieren. Marc Zuckerberg der Big Brother aus Palo Alto, weiß, wie man Menschen auch ohne Zwang zum Sprechen bringt.

Nach einer Studie der Meinungsforscher von Pew Research (USA) sind 40 Prozent aller jungen Leute zwischen 18 und 29 Jahren „fast ständig" online. Facebook nutzt die Wirkung eines auf die jugendliche Altersgruppe zugeschnittenen Designs, um adoleszente Netznutzer in ihren Web-Schwarm zu ziehen. Frauen nutzen das Netz, um ihre idealisierten Vorstellungen von Figur und Leben mit anderen abzugleichen. Facebook hilft dabei. In Abwandlung des bekannten Werbeslogans des Waschmaschinenherstellers Bauknecht könnte es heute so heißen: „Facebook weiß, was Frauen wünschen". Der Konzern weiß auch, dass sich

Menschen selbst zensieren und inszenieren. Facebook bietet sich als Bildschirmbühne an, auf der sich sogar ein Quasi Modo als Schönling drapieren könnte.

Eine Studie von 2014 berichtet von einer Gruppe junger Männer und Frauen, die Facebook seit mindestens sechs Jahren nutzen. Die Autoren kamen zu dem Schluss, dass eine aktive Facebook-Nutzung zu einer vermehrten Beobachtung des eigenen Körpers führt. Menschen empfinden das, was der Dichter Johann Friedrich Hebbel so ausdrückte: *„Der ich bin, grüßt traurig den, der ich sein könnte."* Ihr Selbstwertgefühl bestimmt sich immer mehr durch das äußere Erscheinungsbild. Fehlen die nach oben gerichteten Daumenklicks wird der Facebook-Nutzer ein schöneres oder ein Foto aus Jugendjahren einstellen. In der Vita stellt er sich als Held Siegfried dar.

Insbesondere Mädchen sehen sich dem subtilen Zwang ausgesetzt, eine persönliche Note entwickeln zu müssen. Anerkennung und Akzeptanz seitens Gleichaltriger ist so etwas wie das tägliche Brot, dargereicht auf Smartphones, PCs oder Tablets. Wer auf einer Facebook-Seite „Gefällt mir" klickt beweist die Bedeutung dessen, was dem Nutzer wichtig war, es mitzuteilen. Es ist zugleich der soziale Beweis seines Geschmacks, seines Denkens und Tuns. Es verschafft Anerkennung

Dieser Zwang zum sozialen Vergleich macht Menschen leicht zur Beute von Internet-Manipulatoren und angeschlossene Datenfischer zu Profiteuren. Jugendliche sind schwarmaffin. Um ein befriedigendes Ranking zu erlangen, muss man sich an „Likes" und Shares" ausrichten. Selbstbild und Fremdbild sind auszubalancieren. Das Wunschbild, Influencer zu werden, wäre so etwas, wie ein virtueller Lottogewinn.

5.6 Eine Whistleblowerin packt aus

Die Erkenntnisse aus der akademischen Facebookforschung wurden im Oktober 2021 durch die Whistleblowerin Frances Haugen bekräftigt. Sie war zwei Jahre in den „Eingeweiden" von Facebook tätig. Ihr Berufsweg führte sie zuvor durch Google und die Fotoplattform Pinterest. Arbeitsfeld: Abwehr von Manipulationsversuchen bei Wahlen auf Social Media. Ihre Vorwürfe gegen Zuckerberg & Co erschienen als

Artikelserie im „Wall Street Journal". Sie wurde vom US-Senat als Zeuge in einem Verfahren gegen Facebook geladen. Das ist ihr Haupvorwurf: *„Facebook formt unsere Wahrnehmung der Welt durch die Auswahl der Informationen, die wir sehen."*[46]

Der Oktober 2021 war eine schwere Zeit für den Konzern. Facebook verspürte einen so starken Druck wie seit dem Skandal um Cambridge Analytica 2018 nicht mehr. Zunächst war da die britische Competition and Markets Authority (CMA), die Facebook wegen Nichtbefolgung einer Anordnung zu einer Strafe von 60 Millionen Euro verdonnerte. Zeitgleich trat eine Whistleblowerin in Erscheinung. Deren Berichte erschienen weltweit in allen Massenmedien. Dann, am 5. Oktober 2021, fiel das Netzwerk aus technischen Gründen für sechs Stunden aus. Facebook, WhatsAPP und Instagram waren nicht erreichbar. Die überwiegend jugendlichen Social-Media Junkies klagten über Entzugserscheinungen. Frances Haugen hatte zu diesem Zeitpunkt unabhängig von der technischen Störung von einem Suchtverhalten gesprochen, das Facebook bei Jugendlichen auslöse. Unter dem Eindruck der Ereignisse und massiver Kritik gegen den Konzern begrub dieser vorerst seine Pläne für ein „Instagram Kids", eine Programmversion für Zehn- bis Zwölfjährige. Aus der Raucherforschung weiß Zuckerberg, wie wichtig die erste Zigarette in der Kindheit ist, um Kinder früh abhängig zu machen. Instagram Kids soll diese erste Zigarette werden. In einem Interview mit dem CBS-Nachrichtenmagazin „60 Minutes" resümiert sie: *„Die heute existierende Version von Facebook reißt unsere Gesellschaft auseinander und löst ethnische Gewalt rund um die Welt aus".*[47] Darum fordert sie endlich ein Eingreifen der Politik.

Der erfolgte im August 2021. Die amerikanische Wettbewerbsbehörde unternahm einen zweiten Anlauf, den Konzern zu zerschlagen, nachdem der erste gescheitert war. Der Vorwurf lautet: Facebook missbraucht seit 2011 seine marktbeherrschende Stellung und behindert systematisch den Wettbewerb. Das geschieht indem Zuckerberg innovative Firmen aufkauft, bevor sie zur Gefahr werden. Er nutzt seine Datenmacht, sich unangreifbar zu machen. „Buy or bury", aufkaufen oder beerdigen, lautet die strategische Orientierung. Sollte die neuerliche Klage erfolglos bleiben, dann helfen vielleicht geplante Gesetze im

US-Kongress. Diese sollen sicherstellen, dass bei Firmenübernahmen zukünftig wirksamere Prüfverfahren angewendet werden.

5.7 Metaverse - The next big thing

Vor 18 Jahren schwärmten Nerds der ganzen Welt von einem „big thing", das sich über die Jahre hinweg als „the last little thing" erwies. Von 2006 an trafen sich Millionen Netzenthusiasten auf Second Life. Bis 2008 wuchs die Zahl auf 36 Millionen, um schon 2010 auf eine Millionen abzusinken. Second Life ist eine virtuelle 3D-Welt, auf der Menschen über Avatare, also künstliche Grafikfiguren, miteinander interagieren. Hier gibt es alles, was es in der realen Welt auch gibt und vieles mehr. Darauf aufbauend will Zuckerberg „the next big thing" schaffen. Der Name steht schon fest: „Metaverse". Dieser Begriff entstammt dem Science-Fiction-Roman „Snow Crash" von Neal Stephenson aus dem Jahre 1992. Zuckerberg versteht darunter eine digitale Parallelwelt, in der physikalische, erweiterte (augmented AR) und virtuelle Realität (VR) in einer einzigen Cyberwelt miteinander verschmelzen. Statt Beiträge in einem zweidimensionalen Netzwerk anzuklicken, sollen sich Menschen im Metaversum treffen, einkaufen, spielen, konferieren oder lieben. „*Man kann sich Metaverse als eine Art verkörpertes Internet vorstellen - statt bloß Inhalte zu betrachten, befindet man sich wirklich in ihm*"[48], so Zuckerberg. Er nennt es ein „verkörpertes Internet" Hier werden Inhalte nicht angeschaut, man ist drinnen und dabei. Drei bis fünf virtuelle Monitore schweben im Raum, die den Nutzern das Gefühl von echter Präsenz und Nähe zu anderen Menschen geben sollen. Noch intensiver gelingt dieses mit Hologrammen. Dieses könnte man an beliebige Orte projizieren.

In der neuen virtuellen Welt will Facebook voranpreschen und sie zum Maß aller Dinge machen. Wie Metaverse genau aussehen wird, weiß man noch nicht. Die interessierenden Informationen bestehen überwiegend aus Texten.

Seit 2014 schafft er die Grundlagen für sein „next big thing". 20 Prozent der Belegschaft sind direkt und indirekt mit dem Thema beschäftigt. „*Wir werden uns schon relativ bald von einer Social-Media-Company zu einer Metaverse-Company verändern*"[49], proklamiert

Zuckerberg. Bis 2030 will er sein Imperium neu erfinden. Schon vorher wird das den Aktienkurs beflügeln.

Zuckerberg ficht in der digitalen Parallelwelt mit einem Hologramm.

Hinter seinen Plänen steckt die Angst, den nächsten großen Tech-Trend zu verpassen. Das war ihm bei der mobilen Internetnutzung passiert. Ihm blieb nur das Werbegeschäft übrig, während Google und Apple kräftig abkassierten. Facebook will mehr als nur eine Social Media-Plattform sein, die 98 Prozent ihres Umsatzes mit Online-Anzeigen erzielt. Auch Zuckerberg und seine Stellvertreterin Sandberg denken über neue Erlösquellen nach. In Verbindung mit Metaverse drängt sich dabei die Idee von Augmented-Reality-Brillen in die Diskussion. Es gibt sie zwar schon seit 2013 von Google, aber von der digital interessierten Öffentlichkeit wurden sie nicht angenommen. Der Vertrieb von Google Glass, mit viel Tamtam auf den Markt gebracht, wurde einige Jahre später eingestellt.

Mit der neuen Bezeichnung unterstreicht der Konzern seine Ambitionen in Sachen Metavers und signalisiert, mehr zu sein, als nur der Betreiber des Facebook-Netzwerkes. In der Pressemitteilung heißt es hierzu: *„Meta wird sich darauf konzentrieren, das Metaversum zum*

*Leben zu erwecken und den Menschen zu ermöglichen, sich mit Freun-
den und Familie zu vernetzen, Gemeinschaften zu finden und
Unternehmen aufzubauen«.*[50] Meta bedeutet soviel wie „darüber". Insofern beschreibt der Name auch die Entwicklung von sozialen
Technologien, »die *über* dem liegen, was mit digitalen Netzwerken
heute möglich ist«.

5.8 Perspektivwechsel mit Augmented Reality

Da Metaverse AR-Brillen benötigt, erwarb Facebook Oculus, einen
Hersteller von VR-Brillen. Dem folgte die Übernahme von Big Box VR
und der Kauf von „Population One", beides Entwickler von VR-Games,
die nahe an Metaverse arbeiten. 2021 wagte sich Facebook mit einer
AR-Brille auf den Weltmarkt. Das Design stammt vom italienischen
Brillenhersteller Ray Ban, die Technik mit zwei Kameras, Lautspre-
cher, Telefon und Smartphon-Koppelung von Facebook. Preis: 299
USD.

Virtual Reality und Augmented Reality sind zwei Begriffe, die in
der Diskussion zur digitalen Zukunft eine immer größere Rolle spielen.
Was ist der Unterschied? Bei Virtual Reality (VR) hat der Kunde das
Gefühl, vor Ort zu sein, bei Augmented Reality (AR) muss der Nutzer
vor Ort sein, um weitere Informationen zu erfahren. Google Street View
war/ist ein Beispiel für Virtual Reality. Hier nimmt der Betrachter seine
reale Umgebung nicht mehr wahr. Bei einem virtuellen Rundgang
durch ein Hotel sieht man Lage, Inneneinrichtung, Zimmer und ggf. das
Restaurant. Der Nutzer hat das Gefühl vor Ort zu sein. Sein Umfeld ist
ausgeblendet, Bei der Augmented Reality sieht der Nutzer virtuelle
Elemente in seiner Umgebung, aber dieses wird mit digitalen Informationen, beispielsweise erklärenden Bildmotiven, ergänzt. Die
Abbildung zeigt ein Wohnzimmer, in das der Nutzer eine Sitzgelegen-
heit hineinprojiziert, um sich so eine Vorstellung zu verschaffen, wie
das Zimmer möbliert aussehen könnte.

Bei AR und VR geht es Facebook auch darum, technologisch nicht
von Google und Apple abhängig zu sein und endlich Herr über ein eigenes Betriebssystem zu werden.

Das Rennen um AR und VR ist offen. Auch Apple und Microsoft sind mit von der Partie. Viele Fragen rund um die Alltagsnutzung von VR und AR sind noch ungeklärt. Wo werden die Daten verarbeitet und gespeichert? Wie steht es um den Datenschutz? Kann man der Betrachtung seiner Person durch eine AR-Brille widersprechen? Vom Research Science Director der Facebook Reality Labs, Sean Keller, ist zu hören, dass die Antwort auf diese Fragen der gesellschaftlichen Diskussion bedürfen.

Virtuelle Raumplanung mit Augmented Reality - © Otto.de

„Allein schaffen wir das nicht, also versuchen wir es auch nicht. Während wir neue Technologien entwickeln, teilen wir die gewonnenen Erkenntnisse mit der Öffentlichkeit und führen eine offene Diskussion, um Bedenken anzugehen.“[51] So etwas ausgerechnet von einem der größten Skandalunternehmen der Welt zu hören, erfreut und erstaunt zugleich.

6. Apple, Lifestyle- und Prestigeobjekt

Wenn ein Unternehmen von einem Visionär, einem Genie, einer Lichtgestalt, gar einem gottähnlichen Wesen gegründet wird, ist der Erfolg vorgezeichnet. Die Rede ist von Steve Jobs, dem Schöpfer eines neuen Typs von Computer und Gründer des Unternehmens Apple. Er ist einer der fünf Akteure, die der amerikanischen Ostküste nach 1970 ein spitzentechnologisches Gepräge gaben. Allen vieren ist gemeinsam, dass sie an der Spitze der von ihnen gegründeten Unternehmen standen bzw. stehen. Apple war ursprünglich nur ein Computerhersteller, Amazon ein Online-Handelsgeschäft, Google eine Suchmaschine, Microsoft ein Softwareprogrammierer und Facebook eine Social Media-Plattform. Aus den Anfangsbuchstaben der Firmennamen entstand das Akronym GAFAM.

Apple Campus in Cupertino - © Apple

In der Gründungsphase waren die fünf Hauptakteure zumeist nur in ihren Revieren tätig, später wurden die Grenzen überschritten. Aus einem Nebeneinander wurde ein Gegeneinander und zeitweilig wieder ein schwaches Miteinander.

Apple: Die wichtigsten Daten

Gegründet	1976
Gründer	Steve Jobs
Konzernsitz	Cupertino, (USA)
Umsatz global 2021	395 Milliarden USD
Gewinn 2021	99,8 Milliarden USD
Mitarbeiter 2022	154.000
Markenwert	482Milliarden
Marktkapitalisierung	2,3 Billionen USD
Aktie 2021	124 USD

Unterschiedliche Quellen nennen unterschiedliche Zahlen

Bis zum Oktober 2021 rühmte sich Apple, das wertvollste Unternehmen der Welt zu sein, verlor aber seinen Spitzenplatz an Microsoft. Am 1. November lag Apples Börsenwert bei 2,41 Billionen USD, der von Microsoft bei 2,46. Das Bild kann sich aber schnell ändern, wenn sich der angeschlagene Chipmarkt wieder normalisiert hat.

6.1 Gottvater Steve Jobs

Steve Jobs und Apple sind fast synonyme Begriffe. Der Name der Marke und ihre Präsentationen gingen einher mit der beständigen Selbstdarstellung des Gründers. Die von der Ostküste ausgehende New Age-Bewegung wirkte auch auf ihn. Er war ein Kind der Woodstock-

Generation, zeitweilig Jünger von Hara Krishna, fast der typische Fall eines Hippies. Heute steht sein Name, fast wie ein Denkmal, für eine überragende Karriere der Wirtschaftsgeschichte nach 1980.

Jobs IT-Taufe erfolgte beim Computerhersteller Atari, seinem ersten Arbeitgeber. Apple-Mitgründer Steve Wozniak, ein preisgekrönter Techno-Freak, wurde bei HP sozialisiert. Die Fachwelt ist sich einig, dass Steve Jobs der Designer des neuen Unternehmens und seiner Produkte war und Steve Wozniak der technische Vordenker und Gestalter.[52]

Über Steve Jobs ist viel lamentiert, spekuliert, kritisiert und gejubelt worden. Er hat die IT-Welt in Applefans und Applerivalen gespalten. Viele bejubeln das Apple-Design. Andere stören sich an den überhöhten Preisen im Vergleich zu anderen Anbietern. Viele sehen in Steve Jobs den größten Manager aller Zeiten. Andere weisen auf sein launenhaftes, forderndes, egozentrisches, schikanöses und manchmal sogar tyrannisches Führungsverhalten hin. Anders als Bill Gates entzog er sich philanthropischen Engagements. Nach Insiderberichten hatte er 1985 ein Drogenproblem mit LSD. Als Vater einer unehelichen Tochter weigerte er sich trotz seines astronomischen Vermögens Unterhalt zu zahlen. Im Zusammenhang mit einer Anhörung im US-Kongress wegen Wettbewerbsverstößen kam sein kompromissloser und dominanter Charakter zum Vorschein. Bei dieser Anhörung 2006 ging es unter anderem um die ungesetzliche Nutzung von rückdatierten Aktien-Bezugsrechten. Ihm wurde ein Meineid nachgewiesen. Der Fall wurde mit einem Vergleich abgeschlossen. Juristen und Journalisten hatten den Eindruck, dass ihn eine inoffizielle Lex-Jobs vor dem Gesetz schützte. Mac-Nutzer und messianische Verehrer saßen bis ganz oben im Staatsapparat.

Sein schon fast pathologischer Perfektionismus, so wird vermutet, war der Auslöser, warum sein langjähriger Freund, Watson Jack, 1985 aus dem Konzern ausschied. Kurze Zeit später drängte ihn sein eigener Vorstandsvorsitzender wegen unüberbrückbarer Meinungsverschiedenheiten aus dem Konzern. Mit zunehmendem Alter und mehr Erfahrung soll Jobs zu einer umgänglicheren Führungskraft geworden sein?

Die Liste superlativer Charakterisierungen seiner Person ist länger als die der negativen Zuschreibungen. Als Steve Jobs 2011 starb, errichteten seine Bewunderer weltweit Steve-Jobs-Schreine. Aus dem Heros wurde ein Heiliger. Er dient fortan als Legende für die Marke Apple, etwa so wie Karl Marx für die Idee des Sozialismus.

6.2 Apple, ein teures Prestigeobjekt

Jobs entscheidende Leistung war die Etablierung einer Luxusmarke. Wozniak schuf die beeindruckende Technik, die Apples Computer überhaupt erst funktionsfähig machte. Jobs bewirkte den Kult. Wozniak zielte auf den Verstand, Jobs auf die Emotion. Es ist wie bei einem Porsche, dessen Herstellung nicht teurer als die eines VW-Passat ist, aber dem Käufer einen hohen Preis für das Besitzerprestige abverlangt. Einen Porsche zu fahren soll Männlichkeit und Prestige demonstrieren. Ein Applegerät zeigt, dass der Besitzer kreativ, modern und hip ist. Wer am Konferenztisch seinen Mac mit dem Logo des angebissenen Apfels aufstellt, kann sich der interessierten Blicke seiner Nachbarschaft und eines kleinen Serotoninschubs sicher sein. Ein Lenovo-, Dell- oder Medion-Computer schafft das nicht. Der Tischnachbar wird, da er um die hohen Preise von Apple weiß, Qualität und Exklusivität signalisiert. Es ist wie mit den Geräten von Bang & Olafson, die bei Wohnungsbesuchern den Eindruck vermitteln, der Einlader sei ein mit Geschmack behafteter Designgourmet. Technische Eigenschaften treten bei solchen Edelprodukten in den Hintergrund. Die Nutzer stehen im Vordergrund.

Jobs Entscheidung, den Gebrauchsgegenstand Computer zum Prestigeobjekt zu machen, war prägend für den Übergang von einer Technologiemarke zu einer Luxusmarke. Mit Design und Technologie errichteten Jobs und Wozniak Palisaden um ihren Konzern. Diese Eintrittsbarriere schreckte Mitbewerber ab, den Angriff auf Apple zu wagen. So konnte sich Apple frei von Attacken Richtung Erfolg entwickeln.

Im Nachruf auf Steve Jobs schrieb die Zeitung „taz" im November 2011, er habe „*das Technische mit dem Sinnlichen versöhnt. Er hat den Digital-Lifestyle geschaffen. Im Grunde sind deshalb auch der iMac, das iPhone oder das iPad nichts anderes als Manifestationen der romantischen Idee, das Technische könnte mit dem Sinnlichen vereinbar sein.*"[53] Das scheint ihm gelungen, auch jetzt noch, 11 Jahre nach seinem Tod.

Es bleibt abzuwarten, inwieweit Apple die Balance von einerseits Luxus und andererseits Massenmarkt auch morgen noch schafft. 2019 entbrannte eine Diskussion über den Preis eines Monitorständers, der 999 USD kosten sollte. Solche Flirts mit irrationalem Luxus könnte der Markenpflege von Apple gefährlich werden, wenn dieses von Anhänger als Ausdruck eines überteuerten Lifestyles wahrgenommen wird.

6.3 Apple, Taktgeber für Lifestyle

Unterschwellige Kommunikation ist ein bedeutender Teil der Erfolgsstrategie von Apple. Jobs wollte mehr als nur Kunden haben. Er rekrutierte Jünger. Diese sollten glauben, Teil von etwas Größerem zu sein. Die Botschaft lautete: Wenn Du so sein willst wie wir, dann entscheide Dich für unser Smartphone. Auch andere Hersteller bieten formschöne Smartphones und Computer an. Aber Apple will mehr, will Lebensgefühle wie Freiheit, Kreativität, Luxus und Modernität vermitteln. Und diese haben ihren Preis. „Es war schon immer etwas teurer, einen besonderen Geschmack zu haben", war der Slogan einer Zigarettenwerbung der 1960er-Jahre. Applenutzer beweisen diesen besonderen Geschmack. Der Erwerb eines Apple-Gerätes gleicht für viele einem religiösen Bekenntnis. Und das Bekenntnis zum Produkt wird durch den Treue-Schwur auf den Apfel-Guru ergänzt. Hiobsbotschaften, etwa Funktionsfehler, führten nur selten zur Abkehr.

Im Laufe der Zeit entwickelte sich Apple zu einem Taktgeber auf dem Lifestyleparkett unserer Epoche. Auf dem Wege dorthin eliminierte Jobs zunächst den Begriff Computer aus dem Sprachgebrauch des jungen Unternehmens. Er war der Meinung, dass dieser Begriff der Vergangenheit verhaftet sei. Der Buchstabe „I" vor den Produktbezeichnungen soll die Rolle des Internets für alle Apple-Produkte betonen. Edles Aluminium trat an die Stelle von Plastikumhüllungen. Minimalistische Ästhetik wurde stilbildend für das Apple Design. Kompakter, dünner und leichter lautete der Kurs der neuen Designmarke.

Diesen Eindruck vermitteln auch die edel gestylten 511 Apple-Stores in 23 Ländern der Welt. Allein schon die 1a-Lage in Innenstädten sind ein Teil der Kommunikation. Mit Minimaldesign und einer wirkungsvollen Lichtdramaturgie wird alles vermieden, was den Blick auf die präsentierten Produkte ablenken könnte. Als der Abgesang auf den stationären Handel eingeleitet und die Verkaufshebel weltweit auf online umgelegt wurden, etablierten sich die Apple-Stores offline in exklusiven Hochpreislagen wie auf dem Jungfernstieg in Hamburg, der Königsallee in Düsseldorf oder dem Kürfürstendamm in Berlin. Der Finanzvorstand von Apple, Josef Graziano, warf Jobs vor, Kaviar für Kund zu servieren, die Käse und Cracker gewohnt sind. Er prophezeite ein finanzielles Desaster. Es kam anders. 2020 betrug der Umsatz der Stores 643 Milliarden USD. Das sind 24 Prozent mehr als 2019. Auf den Quadratmeter bezogen liegen die Apple-Designboutiquen damit weit über Tiffany auf der Fith-Avenue in New York. Graziano muss Abbitte leisten.

6.4 Erfolgsjahrzehnte mit Tops und Downs

Am 1. April 1976 wurde Apple in Cupertino (Californien) nach amerikanischer Manier in einer Garage gegründet. Notwendiges Gründungskapital: 1.750 USD. Jobs musste seinen VW-Transporter verkaufen. Im gleichen Jahr machte das Start-up mit dem weltweit ersten Heim-PC, dem Apple 1, auf sich aufmerksam. Doch wie andere im Silicon Valley mussten sie auch Lehrgeld zahlen, denn über 200 verkaufte Geräte kamen sie nicht hinaus. Das Nachfolgemodell 1977, der Apple II, war erfolgreicher. Er ging 1985 zwei Millionen Mal über den Ladentisch. Weniger erfolgreich war der 10.000 USD teure Apple Lisa, der sich 1983 als Flop erwies. Sein Preis war wohl etwas zu luxuriös.

Vom Erfolg des Apple II beflügelt, ging der PC Macintosh in die Entwicklung. Dieser kam aber erst 1984 im Massenmarkt an und erfuhr als Macintosh Plus mit einer leistungsstärkeren Hardware von 1986 an die ihm gebührende Anerkennung. Der erste Macintosh fand für 2.495 USD reißenden Absatz. Experten sind sich einig, dass das Macintosh-Betriebssystem in den 1980er Jahren technologisch führend war. Grafische Benutzeroberflächen, Drag and Drop-Funktionen, intuitive

Bedienung, anklickbare Icons und Computermaus richteten sich nicht an Nerds, Bastler oder Freaks, sondern an Normalanwender. Apple fuhr mit diesem Mac Gewinnmargen von rund 50 Prozent ein.

In der IT-Turbowelt ist Erfolg etwas sehr Flüchtiges. Gegen 1990 betrat Bill Gates die IT-Bühne und setzte mit Windows 3.0 Jobs & Co unter Druck. Erstmals musste Apple einen Quartalsverlust vermelden. Jobs reagierte mit deutlich billigeren, aber technisch anspruchsvolleren Mac-Modellen. Das führte zu steigenden Stückkosten bei sinkenden Gewinnmargen. Apples Betriebssystem erwies sich zunehmend als veraltet. Bis Mitte der 1990er Jahre konnte sich Microsoft mit seinem Betriebssystem gegen alle seine Konkurrenten durchsetzen. Apple stand 1996 mit einem Jahresverlust von einer Milliarde USD kurz vor der Insolvenz oder alternativ einer Übernahme.

1983 hatte man John Sculley, das angebliche Marketinggenie aus dem Hause Pepsi, als Heilsbringer auf den Apple-Thron berufen. Das andere Alpha-Tier, Steve Jobs, verließ 1993 im Streit mit Sculley den Konzern.

Der Apple-Schöpfer gründete die Animations-Entwicklungsfirma NeXT, die er mit einem Zufallsknüller an die Spitze der Branche brachte. Derweil scheiterte der Pepsi-Mann an der Aufgabe, das Steuer bei Apple herumzureißen. 1997 endete die Sculley-Ära. Steve Jobs kehrte als Retter in der Not zurück. Das inzwischen von ihm gegründete Unternehmen wurde von Apple einschließlich zahlreicher Führungskräfte und Mitarbeiter für 400 Millionen USD übernommen. Viele Top-Manager folgten Jobs und tauschten die Büros. Mac OS, Apples neues Betriebssystem, entstand. Parallel dazu zog ein neuer Geist bei Apple ein und zugleich 2001 eine neue Strategie. Diese sah nur noch vier Produkte vor: das iBook und den iMac für Heimanwender sowie das

PowerBook und den PowerMac für professionelle Anwender. Diese Strategie hat sich bewährt. Apple ist im Wechsel mit Amazon das wertvollste Unternehmen der Welt. Im Januar 2022 wurde das Unternehmen mit drei Billionen USD bewertet. Man kann wohl davon ausgehen, dass der Aktienkurs auch künftig schneller wachsen werde als die Gesamtwirtschaft.

6.5. Beginn der i-Epoche

1999 begann die Epoche der i-Produkte mit dem iMac. Sie wurde mit dem Claim „think different" (Denke das Andere) eingeleitet und richtete sich an computerinteressierte Menschen.

.

An alle, die anders denken:
Die Rebellen,
die Idealisten,
die Visionäre,
die Querdenker,
die, die sich in kein Schema pressen lassen,
die, die Dinge anders sehen.
Sie beugen sich keinen Regeln,
und sie haben keinen Respekt vor dem Status Quo.
Wir können sie zitieren, ihnen widersprechen, sie bewundern oder ablehnen.
Das einzige, was wir nicht können, ist sie zu ignorieren,
weil sie Dinge verändern,
weil sie die Menschheit weiterbringen.
Und während einige sie für verrückt halten,
sehen wir in ihnen Genies.
Denn die, die verrückt genug sind zu denken,
sie könnten die Welt verändern,
sind die, die es tun.

.

Mit diesem Werbetext schmeichelte Jobs seinen Jüngern. Wie oben schon gesagt: Appleisten sind etwas Besonderes oder wollen es sein.

Um Ruhe an der digitalen Wettbewerbsfront zu erlangen, schlossen die Erzfeinde Jobs und Gates 1997 ein weitgehendes Kooperationsabkommen mit Kreuzlizensierungen und gemeinsamer Java-Entwicklung. Fortan konnten Mac-Nutzer das Windowsprogramm MS-Office auf ihrem Rechner laufen lassen. Von 1998/99 an schrieb Apple wieder schwarze Zahlen.

Die Jahrtausendwende war die Wende hin zu besseren Zeiten. 2001 kam der iPod, eine Designikone, die 44 Millionen Mal verkauft wurde. Mit nur einer Hand konnte Musik aus 1000 Angeboten ausgewählt werden. In der Mac-Welt vollzog sich 2005 der Umstieg auf Intel-Prozessoren . In ihr gab es neue Angebote wie MacBook, MacMini und MacPro. Es ging Schlag auf Schlag: 2006 kam das iPad und 2007 der große Sprung in der Firmengeschichte.

In einer an die Inauguration eines Oscar-Preisträgers erinnernden gigantischen Multi-Media-Show mit begleitendem Medienrummel präsentierte Steve Jobs am 29. Juni 2007 Apples Meisterstück, das iPhone. Jobs wusste, dass man Inszenierungen braucht, um die Aufmerksamkeit der Medien zu erheischen. Die Präsentation des neuen Smartphones glich der Enthüllung eines Denkmals.

Apple stellte die Mobilfunkbranche auf den Kopf. Ein Telefon ohne Tasten war etwas Außergewöhnliches. Die Navigation konnte fast mühelos auf dem Display stattfinden. Das Smartphone wirkte stilbildend und machte Apple endgültig zur Designmarke. Das iPhone demütigte Branchenpioniere wie Blackberry, Nokia und Motorola. Bei den beiden letztgenannten gingen 100.000 Arbeitsplätze verloren. Nokias Sturz erschütterte die gesamte finnische Wirtschaft. Das iPhone wurde fortan zu einem Fetisch, so wie der Rosenkranz für gläubige Katholiken. Es wurde zu Apples CashCow. Mit einer Milliarde verkauften Geräten (Zahl aus 2017; seitdem gibt Apple keine Verkaufszahlen mehr bekannt) erlebte es 2017 seinen Höhepunkt und muss sich seitdem dem Druck chinesischer Anbieter entgegenstellen. Das iPhone trieb die Apple-Aktie an. Das wiederum befeuerte die Marke und die Verkaufsmargen. So wirkte das eine auf das andere.

6.6 Tim Cook übernimmt das Ruder

Krankheitsbedingt räumte Steve Jobs 2011 den Chefsessel, blieb aber Vorsitzender des Verwaltungsrates. Am 5. Oktober des Jahres erlag er einer Krebskrankheit. Tim Cook übernahm das Tagesgeschäft und führt es seitdem aus. Anders als sein Vorgänger soll er sich systematisch auch um die Rahmenbedingungen kümmern, angefangen von den verbesserungswürdigen Arbeitsbedingungen in den chinesischen Fabriken bis hin zum Datenschutz. Er wagte es, dem FBI, trotz Gerichtsbeschuss, Zugriff auf die Daten eines US-Bürgers zu verweigern. Der Fall landete vor Gericht, wo Apple verlor. Cook ging in Revision und reagierte, indem er die Datenverschlüsselung verkomplizierte. Anders als bei Jobs kommen die Impulse zur Produktentwicklung nicht mehr unbedingt von ganz Oben, sondern von wichtigen Managern. Außerdem war Cook ein erklärter Gegner des US-Präsidenten Donald Trump.

Steve Jobs hinterließ seinen Nachfolgern ein schwieriges Erbe. Tim Cook wurde Kommandant eines Konzerns, der sich um den Gründer drehte. Dieser bestimmte die Strategie und das Design der Geräte bis hin zum Farbton der App-Symbole. Jobs traf viele Entscheidungen, große und kleine.

Nach seinem Tod gab es viele Debatten darüber, ob Apple ohne Jobs funktionieren könne. Eine düstere Zukunft wurde prognostiziert. Doch die Entwicklung verlief erfreulich. Im Weihnachtsgeschäft 2014 schnellten die iPhone-Verkäufe um 46 Prozent auf rund 74,5 Millionen Geräte hoch. 2016 flachte die Erfolgskurve ab. Erstmals seit Markteinführung des iPhones sanken die Verkaufszahlen bis 2019 von 66 auf 48 Prozent. Kritische Stimmen wurden laut, der iPhone-Konzern zehre von den Innovationen der Jobs-Ära. Die erfolgsverwöhnte Fangemeinde wollte Neues oder zumindest Altes neu verpackt. Aber die Kund sind nicht mehr bereit, in sehr kurzen Abständen 1.000 Euro für das jeweils neueste iPhonemodell zu zahlen.

Noch ist das iPhone zu 60 Prozent der Umsatzbringer im Konzern. Der Nutzen liegt darin, dass iPhonebesitzer irgendwann zum iMac oder zur Apple Watch greifen müssen, da das technische Ökosystem aufeinander abgestimmt ist. Um den smarten Lautsprecher HomePod nutzen zu können, muss man ein iPhone oder iPad verwenden. Das nennt man

Kunden- oder treffender Kundenfesselung. 2021 scheint es so, als könnte sich das iPhone in der Version 12 wieder zu einem Kassenschlager entwickeln.

In den Jahren seit Jobs Tod ist Apple mit diesen Produkten mit je zwei Qualitätsstufen am Markt (siehe Abbildung).

1. Ein Budget-Modell mit geringerer Leistung und ein
2. professionelles Modell mit der neuesten Hardware und einem strengeren Design.

Hardwareprodukte	**Softwareprodukte**
o Macintosh-Linie (PCs)	o Betriebssysteme macOS, iOS iPadOS, tvOS und watchOS
o iPad-Linie (Tablets)	
o iPhone-Linie (Smartphones)	o iTunes Media Player
o TV-Linie (Media-Player)	o Safari-Webbrowser
o Watch-Linie (Smartwatches)	o iLife-Suite(Multimedia- und Kreativitätssoftware)

Mit seinen Produkten war Apple im Laufe der Zeit ein Akteur der Unterhaltungsindustrie geworden. Apple TV und iPod sind die dazugehörenden Produkte. iTunes und Apple Musik die empfohlenen Abonnements. Aber ein Apple TV ist etwas Anderes als ein Computer. Das fand auch in der Namensänderung seinen Ausdruck. Apple Computer Inc. wurde in Apple Inc. umgetauft. Die Fernsehherstellung wurde allerdings aus Angst vor der ostasiatischen Konkurrenz wieder eingestampft.

6.7 Neues Spiel, neues Glück

In den 2010er-Jahren erweiterte und optimierte Apple seine iOS-Produktlinie. 2015 kam die AppleWatch hinzu. Drei Viertel des Umsatzes wurden nunmehr mit iOS-Geräten gemacht. Dennoch gab es Umsatzeinbrüche 2016 und 2017, dann aber wieder Höhepunkte. 2019 schloss Apple mit einem Gewinn von 55,26 Milliarden USD ab.

Der Blick in das Anmelderegister des US-Patentamtes heizt die Gerüchteküche an. Die Gesichtserkennung findet Einzug in das iPhone, das mit nur einem Blick auf das Display entsichert wird. Eine Coronamaske kann das nicht blockieren, da die Technologie Wärmepunkte wie Augen, Mund und Nase für die Identifizierung erkennt und nutzt. Sie kann auch die Dominanz eines der beiden Augen bestimmen.

Apple tastet sich vorwärts. Ein wichtiger Schritt war die Ablösung des Intelchips durch den selbst entwickelten M1-Chip. Dieser wurde eigens für die Mac-Produktserie entwickelt. Er hat sich bewährt. Analysten wollen erfahren haben, dass das erste faltbare iPhone 2023 auf den Markt kommt. Samsung soll der Lieferant des acht Zoll großen Displays mit QHD-Auflösung sein.

Um dauerhaft Gewinne zu erwirtschaften, muss Apple seine Kunden an Dienste und Abonnements binden. Angeboten werden Apple Music, Apple Pay, Apple Care, iTunes und der App Store. Hier erzielt Apple eine doppelt so hohe Marge wie bei der Hardware. Auch gibt es einen Aufwärtstrend. Inzwischen nutzen 420 Millionen Menschen die Abonnement-Angebote von Apple. 507 Millionen Besitzer des iPhones bezahlen mit Apples Bezahltechnologie.

Die Suche nach „dem nächsten großen Ding", so ein häufiger Ausspruch von Steve Jobs, lief und läuft auf vollen Touren. Das hätte 2015 die Apple-Watch werden können. Sie war die einzige neue Produktkategorie seit Jobs Tod. Eine klassische Uhr wurde zum Wearable und zum modischen Accessoire. Sie eroberte aus dem Stand die Siegertreppe auf dem noch überschaubaren Markt der Smartwatches. Doch leider sanken nach Einschätzung der Marktforscher die Verkäufe rapide. Genaue Zahlen hält Apple zurück. Die Smartwatch war ein großartiges „Ding", aber nicht das „nächste große Ding".

6.8 Apples KI-Nachholbedarf

Im Vergleich zu den anderen Akteuren des GAFAM-Quartetts gibt es wenig über Apples KI-Ambitionen zu berichten, zumindest nicht bis heute. Oder folgt Tim Cook der Devise „Reden ist Silber, Schweigen ist Gold?" Der i-Konzern muss sich dem KI-Thema stellen, um von Google und Amazon nicht abgehängt zu werden. Mit dem Siri-Bein steht Apple schon länger in der KI. John Giannandrea, Apples KI-Chef, betonte wiederholt, dass die KI in den kommenden Jahren prägend auf alle Produkte und Leistungen des Konzerns wirken wird. Alle wichtigen Neuerungen in den Betriebssystemen würden auf maschinellem Lernen beruhen, so iPad-Handschriftenerkennung, Übersetzungs- und Offline-Diktierfunktionen sowie Schlaf-Tracking und Händewascherfassung mit der Apple Watch. Der KI-Chef sieht den Konzern in einer optimalen Position, die Branche anzuführen. Bei Apple würde infolge vertikaler Integration fast alles aus einer Hand stammen. Das ermögliche eine umfassende Integration von maschinellem Lernen. Auch versuche der Konzern KI-Berechnungen auf den lokalen Geräten auszuführen. Die Nähe zur Quelle erübrige das „Herumbewegen" von Cloud zu Cloud und fördere somit den Datenschutz.

Es scheint, als würde Apple seine KI-Behäbigkeit durch Unternehmenskäufe wettmachen. Zwischen 2016 und 2021 übernahm Apple 25 KI-aktive Unternehmen. Bei Google waren es nur 14, bei Microsoft zwölf und bei Facebook neun. Die Großen der Branche haben sich 60 kleinere KI-Firmen einverleibt. Auch klangvolle Namen der KI-Branche konnten nach Cupertino gelockt werden, beispielsweise Samy Bengios von Google. Für was er bei Apple zuständig ist, wird top-secret behandelt, aber die Gerüchteküche nennt KI.

6.9 Die Augmented Reality-Brille kommt

Der nächste große Durchbruch könnte im Bereich der Smart Glasses liegen. Auch wenn Google mit seiner AR-Brille Schiffbruch erlitt, bleibt Apple am Ball.

AR steht für „Augmented Reality", zu Deutsch „Erweiterte Realität". Das bedeutet, dass dem Brillenträger ein „unechtes Umfeld" vorgegaukelt werden kann, etwa ein Wunschhaus oder eine schöne Urlaubslandschaft. Ebenso können die Funktionen des Smartphones nebst Inhalten von Apps, beispielsweise Stadtpläne, Tageszeitungen oder

Bücher eingeblendet werden. Die Technik gleicht einer normalen Brille und kann mit Sehstärken kombiniert werden.

Schon 2012 unternahm Google einen Versuch, AR-Brillen markttauglich zu machen. Wegen einer integrierten, fast geheimen Kamera schlug der Versuch fehl. Mit ihr hätten Menschen unbemerkt gefilmt oder fotografiert werden können

Apple arbeitet mit Hochdruck am „Next Big Thing", aber hüllt sich in das für den Konzern typische mysteriöse Schweigen vor Durchbruchinnovationen. Man kann davon ausgehen, dass die AR-

Brille ohne Kameratechnik auf den Markt kommen wird. Sie wird aber, so wie bei der AppleWatch, die Basisfunktionen des iPhones haben. Somit kann der Benutzer auf die Bedieneroberfläche seines iPhones zugreifen. Er navigiert mit Kopfbewegungen, Worten oder Augenblinzeln.

Eigentlich sollte die Brille schon 2021 auf dem Markt sein, aber man wird sich noch bis 2023 gedulden müssen. Apple geht davon aus, dass die AR-Brille bis 2030 das Smartphone ersetzt haben wird. Dabei soll wieder ein extravagantes Design helfen, das neue Lifestyle-Maßstäbe setzt. Bisher kannte man AR-Brillen als klobige Motorradbrillen, die das halbe Gesicht verdeckten. Nun soll die AR-Brille an das Design des iPhones anknüpfen und dieses übertrumpfen. Technik und Schönheit haben ihren Preis. Der soll bei 500 bis 900 Euro je nach Ausstattung liegen.

6.10 Kommt das Apple Auto?

Im Gefolge der Diskussion um Elektromobilität und autonomes Fahren sah man sich auch in Cupertino genötigt, sich mit diesem Thema zu beschäftigen. Von 2014 an dachte man über ein eigenes E-Auto nach, heuerte einige hundert Fachleute aus relevanten Unternehmen an und übernahm das Unternehmen „Drive.ai", ein junges Unternehmen, das Expertise zum autonomen Fahren in den Apple-Konzern brachte. Statt eines eigenen Autos wollte man dann aber nur die benötigte Software entwickeln und sich damit einen starken Partner in der Autoindustrie suchen. 2020 begann ein Flirt mit dem koreanischen Hersteller Hyundai, der nur bis zum März 2021 dauerte. Angedacht waren zunächst 100.000 Autos jährlich, mittelfristig 400.000. Wie nach Beendigung der Verhandlungen zu erfahren war, wollte Hyundai mehr als nur der Auftragszulieferer für ein iCar sein. Apple sah sich genötigt, einen Gang runterzuschalten.

Scheinbar bleibt Apple am Ball. Seit 2019 wildert der Konzern in Revieren der Autobranche und warb namhafte Spezialisten ab, so bei Porsche und BMW. Außerdem sicherte man sich die Patentrechte an innovativen Neuentwicklungen und Systemen. Einer von vielen Knüllern: Ein Patent zeigt, wie ein Fahrzeug per Knopfdruck seine Größe ändern kann, beispielsweise beim Einparken in eine Lücke.

Sony stellte Anfang 2019 einen PKW-Prototypen vor. Die Ära des „von Software definierten Autos" kam in Gang. Das „Next Big Thing" könnte ein vierrädriges Softwarekonstrukt mit Blech oben und unten sein. Die Software bestimmt den Preis und den Zugang zu Kund und damit die Service-Umsätze.

6.11 Apple kauft und kauft hinzu

Es ist bekannt, dass Apple bis Juni 2021 mehr als 100 Unternehmen übernommen hat. Die tatsächliche Anzahl der Übernahmen ist möglicherweise größer, da Apple die Mehrheit seiner Übernahmen nicht bekannt gibt. Apple akquiriert kleine Unternehmen, solche, die sich leicht in bestehende Unternehmensprojekte integrieren lassen. Viele Übernahmen wurden von der Presse entdeckt. Das gilt ebenso für Beteiligungen an anderen Unternehmen und Vermögensverwaltungsgesellschaften wie Braeburn. Die finanziellen Details für die Mehrheit seiner Fusionen und Übernahmen hält Apple geheim, soweit dieses möglich ist.

Das Unternehmen tätigte seine erste Akquisition am 2. März 1988 mit dem Kauf von Network Innovations. Im Jahr 2013 erwarb Apple dreizehn Unternehmen, mehr als in jedem anderen Jahr bisher. Apples größte Akquisition war die von Beats Electronics im August 2014 für drei Milliarden USD. Von den Unternehmen, die Apple übernommen hat, haben 71 ihren Sitz in den Vereinigten Staaten. Aber auch deutsche Unternehmen hatten die „Ehre", von Apple gekauft zu werden. Anfang Mai 2019 berichtete Apple-CEO Tim Cook gegenüber dem Sender CNBC, dass Apple durchschnittlich alle zwei bis drei Wochen ein Unternehmen erwirbt. Allein in den letzten sechs Monaten waren es 20 bis 25 Unternehmen.

6.12 Die Apple-Story im Überblick

1976/1977 - **Apple I und Apple II** In Holzbauweise kommt der Apple I für 666 USD auf den Markt.
1977 folgt der zwei Millionen Mal verkaufte Apple II. *Apple Lisa* erwies sich als Flop.
1984: *Mac* - Der „Macintosh" läutete den Beginn einer neuen Ära ein: Die Homecomputer waren geboren. Mit 2495 Dollar waren Computer mit grafischer Benutzeroberfläche auch für Normalnutzer erschwinglich geworden.
1985/1997: Steve Jobs wird gefeuert und zurückgerufen
1985 wurde Steve Jobs wegen eines Streits mit dem Vorstandsvorsitzenden gekündigt. Ursache war u.a. die oft starrsinnige Haltung des Firmengründers. Er galt als unkontrollierbar. 12 Jahre nach seinem Weggang wurde Steve Jobs zurückgeholt. Sinkende Umsätze, Imageverlust auf dem Computer-Markt und die Konkurrenz durch Windows 97 führten dazu, dass der Apple-Vorstand Jobs als Geschäftsführer einsetzte. Sein Vorgänger John Sculley musste wegen Erfolglosigkeit den Konzern verlassen. Man brauchte frische Ideen, derer man sich bei Jobs sicher sein konnte.
1998 - iMac. Das iMac-Zeitalter begann. Der „all inklusive"-Rechner iMac gewann schnell Freunde. Er war kompakt und

leicht zu bedienen. Wohl darum wurde er zum meist verkauften PC der USA. Ein Drittel aller Verkäufe sollen an erstmalige Computer-Konsumenten gegangen sein.

2001- iPod. Im Oktober 2001 war die Zeit für den klassischen „Walkman" abgelaufen. Eine neue Art des Musikkonsums hielt weltweit Einzug. Steve Jobs stellte den 399 Dollar teuren iPod vor, in den man sein gesamtes Musikarchiv laden konnte.

2003 - iTunes Store

Apple war der Pionier beim Online-Verkauf digitaler Musik. Jobs präsentierte den Online-Shop „iTunes", in dem legal Alben und einzelne Songs gekauft werden können. Schon im ersten Jahr wurden mehr als 50 Millionen Musikstücke verkauft.

2007 - iPhone

Der 29. Juni 2007 ist ein historischer Höhepunkt in der Smartphone-Geschichte. Apple revolutionierte auf einen Schlag die Telefonie. Smartphones waren mehr als nur Telefone. Sie wurden zu Kommunikationszentren, wandelnden Büros, MP3-Playern oder GPS-Empfängern.

2010 - iPad

Drei Jahre nach der Einführung des iPhones präsentierte Apple ein weiteres „Must Have". Es gab zwar schon mobile Kleincomputer, aber diesen fehlte das schlanke Design und die leichte Bedienung. Das bot Apples iPad. Der Markt nahm den Aktentaschen-PC an.

Oktober 2011 - Steven Jobs Tod

Der Tod des inzwischen zum Guru avancierten Firmenchefs schuf eine Lücke. Doch wirtschaftlich ging es Apple besser als je zuvor – es galt inzwischen als das wertvollste Unternehmen der Welt, mit Bargeld-Reserven in Höhe von ca. 100 Milliarden US-Dollar.

Januar 2011 - Tim Cook neuer CEO

Timothy Donald „Tim" Cook übernahm die Vorstandsposition von Steve Jobs. Schon seit 2009 war er dessen Stellvertreter.

2015 - *Apple Watch*

Im Juni 2015 wurde die Apple Watch auf den Markt gebracht. Ein neuerliches „Big Thing" sollte, ähnlich wie das iPhone, für Furore sorgen, vielleicht sogar der Gamechanger werden. Bis heute (2021) zählt die Apple Watch zu den beliebtesten Geräten ihrer Art, obwohl immer mehr Hersteller neue Smartwatches anbieten.

2017 - *iPhone X*

Das iPhone X (zehn) steht für das 10-jährige Bestehen des Apple-Smartphones. Als zwölfte Modellvariante der iPhone-Reihe wurde es 2017 am neuen Konzernsitz in Cupertino, Kalifornien vorgestellt.

Beim iPhone X ist das Gerät das Display. Auf kleinstem Raum arbeiten hier die fortschrittlichen Technologien zusammen.

2020 - *iPhone 12*

Das iPhone 12 ersetzt seit November 2020 das iPhone 11. Es ist Apples erstes Gerät mit 5G-Technik. Von den Vorgängermodellen unterscheidet es sich vor allem durch sein eckiges Design sowie die drei Hauptkameras.

7. Microsoft

Mit seinen 182.000 Mitarbeitern und einem Umsatz von 168 Milliarden US-Dollar ist Microsoft weltweit der größte Softwarehersteller und eines der größten Unternehmen überhaupt. Seit den 1990er Jahren ist der Konzern Marktführer bei PC-Betriebssystemen und Office-Paketen. Mittlerweile sinkt der Marktanteil in diesem Bereich. Microsoft spielt nur noch im Bereich der Personal Computer die erste Geige. Dennoch, infolge der marktbeherrschenden Stellung auf dem Desktop-Markt und der großen Bedeutung der Computertechnik beeinflusst das Unternehmen weiterhin den Arbeitsmarkt und selbst die Sprache.

Firmenzentrale in Redmond ((Bundesstaat Washington)

Mit einer Umsatzrendite zwischen 25 und 33 Prozent ist Microsoft eine der profitabelsten Aktiengesellschaften weltweit. Aber infolge der Flaute auf dem PC-Markt geht es mit der Profitabilität seit 2015 kontinuierlich abwärts.

7.1 Bill Gates: Schöpfer und Gestalter

Microsoft ist maßgeblich das Schöpfungswerk von Bill Gates. Er war der Ideengeber und Gestalter des Wachstumsprozesses der 45 Lebensjahre des Konzerns. Seine Handschrift ist vielfältig sichtbar, nicht nur am Firmensitz in Redmond, sondern in der Gesamtwirtschaft bis hin in die Gesellschaft. Sein Lebenswerk machte ihn, auf einer Stufe mit Steve Jobs stehend, zu einer Lichtgestalt der Weltwirtschaft. Dieser Mann wird bewundert. Man interessiert sich für seine Art der Unternehmensführung. Schließlich ist er momentan der viertreichste Mann der Welt, das aber im wechselnden Ranking in der Spitzenposition. Gates gegenwärtiges Vermögen wird auf 144 Milliarden USD geschätzt. Seine unternehmerische Leistung wurde mit vielen Auszeichnungen anerkannt.

Gates ist ein Beispiel dafür, dass die Epoche der Tellerwäscher, die es zum Millionär brachten, vorbei ist. Gates Vater war ein wohlhabender Rechtsanwalt, der seinem Sohn ein Studium an der Harvard-University finanzierte. Bereits als Grundschüler soll der Nerd in ihm erkennbar gewesen sein. Zusammen mit seinem Schulfreund Paul Allen gründete Gates im Alter von 14 Jahren seine erste Firma Traf-O-Data, die binnen kürzester Zeit 20.000 USD Gewinn erzielte.

1973 begann er sein Studium in Harvard. Dort traf er auf seinen späteren Geschäftspartner Steve Ballmer, mit dem ihn eine jahrelange Zusammenarbeit verband. Statt zu studieren entwickelte er zusammen mit Paul Allen die notwendige Software für den neuen Heimcomputer „Altair 8800", die als Microsoft BASIC weltweit Furore machte.

Zwei Jahre später brach Gates sein Studium ab. Ein akademischer Abschluss erübrigte sich. Stattdessen sammelte er Ehrendoktorate renommierter Universitäten, darunter Harvard und Cambridge. Königin Elisabeth von England adelte ihn. Das Time Magazin betitelte in als Mann des Jahres. Die chinesischen Kommunisten ehrten ihn als *„Alten Freund des chinesischen Volkes"*. Sein Wohnzimmer dürfte mit vielen Pokalen, Medaillen und Urkunden gespickt sein. Es fehlt nur noch die Seligsprechung durch den Papst.

Das Unternehmen Microsoft wurde 1975 mit Sitz in Alberquerque (New Mexico) gegründet. Der Aufbau des Unternehmens benötigte

Gates ganze Kraft, vor allem deshalb, weil ein Großauftrag von IBM winkte. Es ging um die Entwicklung des Betriebssystem MS-DOS, mit dem die legendären IBM-PCs der ersten Generation ausgestattet wurden. 1979 lief Basic bereits auf 200.000 PCs. Der Jahresumsatz betrug 1978 eine und 1979 zwei Millionen USD. In Belgien und Japan eröffneten MS-Niederlassungen.

7.2 Bill Gates, der Gutmensch

Gates ist das Gegenteil von Dagobert Duck. Mit seiner geschiedenen Frau unterhält er die „Bill & Melinda Gates Foundation". Mit geschätzten 46,8 Milliarden USD ist sie die zweitgrößte Stiftung der Welt. Das sind die hauptsächlichen Themen der Stiftung: Gesundheit (Corona, Malaria, Kinderlähmung), Bildung und Informationstechnologie. Bis zu seinem Tod will Gates 90 bis 95 Prozent seines Vermögens gespendet haben. Sein Privatvermögen wird auf 137 Mrd. USD geschätzt.

Aufgrund seiner Spendenbereitschaft ist Gates das Ziel von Verschwörungstheoretikern in der ganzen Welt. Abstruse Behauptungen über einen von ihm geschaffenen Coronavirus fallen bei Spinnern verschiedenster Couleur, von Esoterikern bis hin zu Teufelsanbetern, auf fruchtbaren Boden. Angeblich wolle er mit diesem Virus sein Vermögen noch weiter nach oben schrauben.

Was ist Gates außerhalb des Scheinwerferlichts für eine Persönlichkeit? Da gibt es nicht nur den spendefreudigen Gutmenschen, sondern auch den zu Beleidigungen und häufigen Tobsuchtsanfällen neigenden Chef. Seine Mitarbeiterführung wurde von Insidern als häufig brutal und tyrannisch beschrieben. So meinte der amerikanische Richter Thomas Penfield Jackson, der 2001 über Microsofts Geschäftspraktiken urteilen musste: *„Ich denke, er (Gates) hat eine napoleonische Auffassung von sich selbst und seiner Firma, der nicht von harten Erfahrungen und Rückschlägen versäuert ist."*.[54]

Sein Schulfreund Paul Allen, zugleich Mitgründer von Microsoft, beklagte in seiner Autobiographie, dass er im Zusammenhang mit seiner Krebserkrankung 1982 von Gates wegen nachlassender Produktivität kritisiert wurde und sein Unternehmensanteil beschnitten werden sollte. Nur ein Jahr später zog sich Paul Allen aus dem Tagesgeschäft zurück.

Microsoft: Die wichtigsten Daten

Gegründet	1975
Gründer	Bill Gates, Paul Allen
Konzernsitz	Redmont (State Washington)
Tägl. Officenutzer	1,2 Milliarden
Tägl. Teamsnutzer	115 Millionen
Kunden	30,6 Millionen
Installationen Windows	1 Milliarde in 200 Ländern
Umsatz global 2020	168,1 Milliarden
Gewinn 2021	67.271 Milliarden USD
Mitarbeiter 2020 ➢ Deutschland	181.000 3.000
Markenwert	210,2 Billionen USD
Marktkapitalisierung	2,14 Billionen USD
Aktie 2021 (11/2021)	307 USD
Wachstum seit 2010	1.097 Prozent
Privatvermögen Gates	137 Milliarden USD

Unterschiedliche Angaben in unterschiedlichen Quellen

Anfang der 2000er-Jahre hatte die Lichtgestalt Gates an Strahlkraft verloren. Eine Art Imagekampagne schien geboten. Dafür nutzte Gates seine Stiftung. Der Kapitalist mutierte zum Philanthropen. 2020 verkündete der Konzern, seinen CO2-Fußabdruck, den es seit Unternehmensgründung verursacht hat, zu beseitigen. Förderprojekte gegen das Artensterben und Naturschutzorganisationen werden großzügig alimentiert. Außerdem werden alle neuen Microsoft-Gebäude mit einem Beton errichtet, der CO2-Emissionen bei der Herstellung limitiert.

7.3 IBM, Microsofts Geburtshelfer

IBM war Microsofts Geburtshelfer und Amme. 1980 bekam Gates den Auftrag, ein Betriebssystem für den geplanten Personal Computer zu entwickeln. MS-DOS entstand. Freundlicherweise überließ IBM Microsoft die Vermarktungsrechte am entstandenen Betriebssystem. Das war die Muttermilch, die Microsoft groß machte. 1980 kam Balmer in das Unternehmen, der später zum CEO aufstieg. 1981 brachte IBM seinen legendären PC für knapp 3.000 USD auf den Markt. Microsoft erlebte einen kometenhaften Aufstieg und konnte das Geldverdienen kaum vermeiden. Mit 220 Mitarbeitern erzielte Microsoft 1982 einen Umsatz von 24 Millionen USD. Der Gang an die Börse schien geboten. Das spülte 61 Millionen USD in die Kassen. Die Weihnachtsgratifikation wurde in Form von Aktien gezahlt. Viele der Empfänger, die damals einige hundert Anteilsscheine erhielten, wurden innerhalb weniger Jahre Millionäre. Selbst Apples Lisa mit seiner grafischen Benutzeroberfläche blieb gegen Microsoft chancenlos. Gates dominierte den Markt.

Schon 2008 zog sich Gates aus dem operativen Geschäft zurück und kümmert sich nur noch um die Bill & Melinda Gates Foundation. Im Januar 2000 hatte er den Posten des Chief Executive Officers (CEO) ans Steve Ballmer abgegeben, den dieser bis 2014 innehatte. Seit 2014 ist Satya Nadella der Konzernlenker von Microsoft. Gates war von 2000 bis 2014 Aufsichtsratsvorsitzender.

Die Scheidung der Eheleute Gates 2021 nach 27 Ehejahren muss man wohl im Zusammenhang mit der Epstein-Affäre 2019 sehen. Der

Milliardär Jeffrey Epstein wurde 2019 wegen sexueller Ausbeutung von Minderjährigen angeklagt. Noch vor einer Verurteilung verübte er Selbstmord in seiner Gefängniszelle. Gates war wiederholt Gast auf den von Epstein veranstalteten Sexpartys mit minderjährigen Mädchen. Als Melinda Gates davon erfuhr, veranlasste sie die Scheidung von ihrem Ehemann.

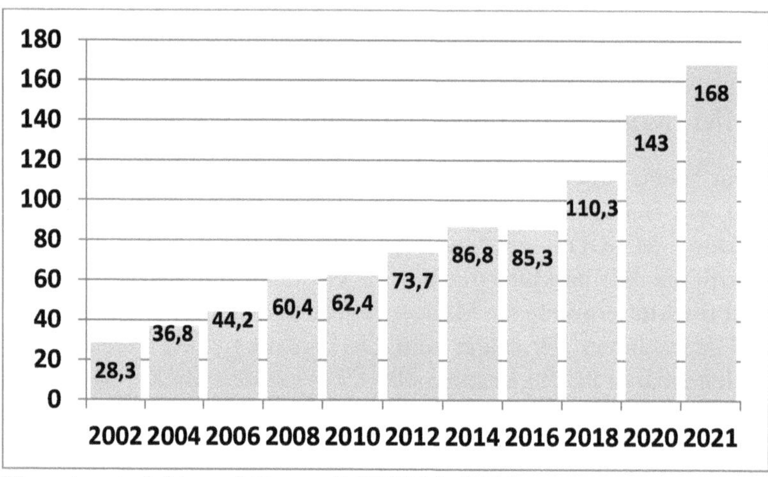

Umsatzentwicklung Microsoft 2002 bis 2021

Wegen seiner anzüglichen Aktivitäten gegenüber Mitarbeiterinnen hatte Gates seit längeren Problemen mit dem Unternehmen, bis hin zum angedrohten Rausschmiss aus dem Aufsichtsrat.

Bekannte Tochterunternehmen

o   LinkedIn (seit 2016) erworben für 26,2 Mrd. USD
o   Skype (2011) erworben für 8,5 Mrd. USD
o   GitHub (2018) erworben für 7,5 Mrd. USD
o   Nokia (2014) erworben für 7,2 Mrd. USD
O   aQuantive (2007) erworben für 6,3 Mrd. USD

7.4 Windows Erfolgsgeschichte

1983/1985 Windows 1.0 / Windows 2.0.
Viele Windowsnutzer haben die fortlaufende Nummerierung der Versionen seit 1985 miterlebt. Windows 1.0 war der Startblock. Das Programm war eine grafische Erweiterung für MS-DOS. Die Benutzeroberfläche war den natürlichen Seh- und Arbeitsgewohnheiten des Menschen angepasst. Statt komplizierte MS-DOS-Befehle in Form von „C:" einzugeben, genügte der Klick auf die Maustaste. Karteikasten, Notizblock, Rechner und Kalender gaben dem Programm seinen hohen Gebrauchswert.

Kunden konnten sich 1983 über das MS-DOS 2.0 und MS-Word nebst einer Microsoft-Maus freuen. Maus und grafische Benutzeroberfläche, das war das Non-Plus-Ultra jener Zeit. Bildlaufleisten, Dropdown-Menüs, Symbole und Dialogfelder ermöglichten es Laien, Programme zu nutzen, Daten zu bearbeiten und auszutauschen. Die Belegschaft wuchs auf 860 Mitarbeiter und der Umsatz auf knapp 100 Millionen USD. Zu Word gesellten sich 1985 Excel 1.0, Rechner, Paint, ein Editor und ein Kalender, und das alles mit einem Festplattenspeicher von 256 KB. IBM bestellte ein neues Betriebssystem für seine Personal Computer. OS/2 lautete das neue Zauberwort. Zeitgleich beginnt die Vermarktung von Windows 2.0. Dieses war aber nur eine grafisch verbesserte Version von Windows 1.0.

Der Microsoftzug fuhr nun im Turbo. Das Unternehmen brauchte für seine nunmehr 1153 Mitarbeiter mehr Platz und startete 1985 den Bau eines neuen Hauptquartiers in Redmond im Bundesstaat Washington. 1989 kam ein eigenes Rechenzentrum dazu.

Im weiteren Verlauf der Firmengeschichte wurde das Portfolio durch PowerPoint (1987), Mail 1.37 und das Vorläuferprogramm von Outlook (1987) angereichert. Diese und andere Produkte fanden sich fortan im MS Office 1.0-Paket. Weltweit entstanden Microsoft-Niederlassungen. Eine Million Microsoft-Mäuse halfen Nutzern um 1989 herum, ihren PC zu bedienen.

1990/1992 Windows 3.0. Zum 15-jährigen Firmenjubiläum 1990 beschenkte sich Gates mit einem Jahresumsatz von über einer Milliarde USD. IBM legt weitere Aufträge auf den Gabentisch. Microsoft präsentierte Windows 3.0, dessen Verkaufszahlen wie eine Rakete in die Höhe schossen. Das MS-Perpetuum Mobile kam voll in Gang. Nutzer freuten sich über die optimierte Oberfläche. Es galt „Information at Your Fingertips". Man sprach von der ersten brauchbaren Windows-Variante. Softwareentwickler boten windowsbasierte Anwendungen. Zehn Millionen Programm-CDs gingen über die Ladentische. Microsoft musste Windows nicht mehr verkaufen, sondern es zuteilen. Hardwarehersteller statteten ihre Geräte werkseitig mit Windows aus. 4000 Mitarbeiter erwirtschafteten in Redmond ihr tägliches Brot und halfen, Gates` Geldspeicher zu füllen. Weniger erfreulich verlief die Geburt der in jenem Jahr vorgestellten Computer-Enzyklopädie Encarta. Ihr war nur ein kurzes Leben beschieden. Sie wurde von der kostenlosen Wikipedia verdrängt. Besser ging es Excel, dem immer noch weltweit meistgenutzten Tabellenkalkulationsprogramm.

1995 Windows 95. 1995 war ein bedeutsames Jahr in der Computergeschichte. Statt eines Windows 4.0 kam Windows 95 auf den Markt. Dieses Ereignis entsprach der Präsentation des ersten iPhones 2007 durch Steve Jobs. Sieben Millionen Programmscheiben wurden in den ersten fünf Wochen verkauft. Sie brachten den PC ins Wohnzimmer. Auf 80 Prozent aller Computer weltweit lief jetzt ein Betriebssystem von Microsoft. Von Bedeutung war auch der nunmehr verfügbare Internet Explorer und das Microsoft Network MSN. Dieses war nur sieben Monate nach seiner Einführung mit mehr als einer Million Nutzern in 190 Ländern der erfolgreichste Internet-Dienstleister aller Zeiten. Der Riese Microsoft übernahm 1997 für 400 Millionen USD den E-Mail-Dienst Hotmail von Apple, dem kreativen Zwerg am Rande des digitalen Geschehens. Meinungsumfragen aus dem Jahr 1997 zeigten, dass Microsoft das am meisten bewunderte Unternehmen der amerikanischen Wirtschaft war.
Die Cebit 1995 stand Kopf. Gates persönlich stellte das Programm vor. Er wies insbesondere auf die kommunikativen Funktionen des neuen Programms hin, E-Mail und Internetzugang.

1998 Windows 98. Windows 98 löst Windows 95 ab. Das Betriebssystem ist im Wesentlichen eine Weiterentwicklung der Vorgängermodells. Es kommt weltweit in den Handel und richtet sich primär an den Endverbraucher. Der PC wurde nunmehr zum

Alltagsgegenstand in Büros und Wohnungen. Internet-Cafés boomten, IT-Fachzeitschriften erschienen, IT-affine Berufe entstanden, IT-Berater überfluteten die Wirtschaft, Kinder spielten am Computer statt mit Bauklötzen. Microsofts Jahresumsatz schnellte auf 20 Milliarden hoch. Das neue Jahrtausend wurde mit Office 2000 eingeleitet.

2000 Windows XP. Zehn Jahre später hatte Windows 95 seine Schuldigkeit getan. Die MS-Gemeinde wurde mit Windows XP geködert. Der Coup gelang u.a., da das Programm schneller und stabiler lief. Taskleiste und Systemsteuerung erschlossen sich intuitiv. Nutzer wünschten Möglichkeiten des Entertainments. Darum wurden digitale Unterhaltungsmedien in XP integriert. Das war gekonnt, denn XP wurde zu einem der am häufigsten nachgefragten Produkte.

2007 Windows Vista. Microsoft schuf Vista (Blick, Sicht) mit einem neuen Betriebssystem und einem neuen Design. Neugestaltete Start- und Taskleisten sollten den Bedienkomfort steigern. Das Auffinden und Verwalten von Daten und Dokumenten wurde erheblich verbessert. Dennoch, Ballmer bezeichnete Vista später als den größten Fehler seiner Karriere. Hausintern wurde Vista als Windows 6.0 bezeichnet.

2009 Windows 7.0. Dieses Programm besserte die Schwäche von Vista aus. Es war der Einstieg in die drahtlose IT-Welt und ein erster Schritt in Richtung Clouds. Netzwerke, Hotspots und Laptops ermöglichten neue Formen der Verbindung. Der klassische PC wurde durch den Laptop verdrängt. Dank einer neuer Benutzeroberfläche wurde das Arbeiten mit den Windows-Fenstern noch komfortabler.

2012 Windows 8. Nunmehr ließ sich das Betriebssystem neben der Maus per Touch steuern. Windows 8.0 ermöglichte die Bedienung von IT-Geräten. Der Windows-Store entstand. Hier ließen sich zum ersten Mal Apps herunterladen. Microsoft führte Apps in Kachel-Form ein.

2015 Windows 10. Da Windows 10 gegenüber den alten Versionen einen derartig großen Sprung nach vorne machte, übersprang der Konzern die Nummer 9. Das sollte den Unterschied zu Windows 8 deutlich machen. Mit der neuen Version bot Microsoft eine einheitliche technische Plattform für PCs, Tablets und Smartphones an. Die 10er-Version garantierte höchsten Datenschutz, integrierte Technologie wie Mixed Reality, künstliche Intelligenz und Funktionen für die kreative Nutzung, so die Stifteingabe mit Windows Ink. Die Anmeldung erfolgte mit Windows Hello, also per Fingerabdruck oder Gesichtserkennung. Sogenannte Commits sicherten in Datenbanken den erfolgreichen Abschluss einer Transaktion. So wurde das Ergebnis der Verarbeitungsschritte dauerhaft gespeichert.

2021 Windows 11. Eigentlich hatte Microsoft mehrfach erklärt, Windows 10 sei das letzte Windows. Doch dann kam im Oktober 2021 Windows 11. Das proklamierte Neue und Andere hält sich in Grenzen. Fenstersteuerung und die Touch-Bedienung wurden überarbeitet, Taskleiste und Startmenü angepasst und Widgets eingeführt. Die Anwendung von „Teams" ist vorinstalliert. Die Kontaktaufnahme kann über Chat, Text, Sprache und Video erfolgen. Doch im Kern ist das neue Betriebssystem das alte Windows 10. Leider nötigt Microsoft die Nutzer, den Browser Edge und die Suchmaschine Bing zu verwenden.

7.5 Wettbewerbsfeindliches Verhalten

Microsoft war nie zimperlich, seine Interessen mit unlauteren Mitteln durchzusetzen. Gates Kritiker werfen ihm diese wettbewerbsfeindlichen Strategien vor:

.

- Er verhindere den Einsatz von Produkten anderer Hersteller im Microsoft-Umfeld oder erschwere ihn zumindest.
- Er zwinge Kunden, durch die Schaffung von Inkompatibilitäten jeweils auf die neueste Version eines Gerätes, eines Betriebssystems oder einer Software umzusteigen.
- Er gewöhne die PC-Welt an zweifelhafte „Wahrheiten", etwa dass Software- oder Systemabstürze als normal hinzunehmen seien.
- Er schaffte es, große Hersteller zu verpflichten, dass fast jeder neue PC mit einem vorinstallierten Windows-System ausgeliefert wird. Diese Praxis wurde gerichtlich unterbunden.
- Wettbewerbswidrige Vertragspolitik gegenüber wirtschaftlich abhängigen Unternehmen
- Wettbewerbswidrige Bündelung verschiedener Produkte

Diese Praktiken wurden als unethisch gebrandmarkt und maßgeblich Bill Gates zugeschrieben. Sie haben wesentlich zur Entstehung der Open-Source-Bewegung beigetragen, so etwa Linux.

7.6 Rechtsverstöße als business as usual

1998 leiten das US Justizministerium und 19 Generalstaatsanwälte eine Antitrust-Klage gegen Microsoft ein, bei der es im Kern um den sogenannten „Browserkrieg" und Microsofts Umgang mit Java geht. Dabei wird Microsoft vorgeworfen, von 1995 bis 1998 mit seinem Internet Explorer den Navigator von Netscape unlauter verdrängt zu haben. Der Vorwurf: Microsoft verfüge über wesentlich größere Mittel, um die eigene Software zu vermarkten, und sorge mit der Koppelung des Internet-Explorers an Windows quasi für eine Zwangsverbreitung der Software. Bei Java, so die Kritik, habe Microsoft den Anteil inkompatibler Programmkomponenten nachweislich immer weiter erhöht und Entwickler so gezwungen, mit windows-gebundener Software zu arbeiten. Zwar wurde Microsoft für diese Vorgänge letztlich abgemahnt, für Netscape kam das Verfahren aber zu spät: Das wurde zusammen mit seinem Navigator im gleichen Jahr von AOL geschluckt.

Kartellklagen gegen Microsoft führten in den USA im Juni des Jahres 2000 zu einem Gerichtsurteil, dass die Aufteilung von Microsoft in zwei getrennte Unternehmen vorschrieb. Nachdem der ehemalige CIA-Direktor George W. Bush neuer US-Präsident geworden war, ernannte dieser einen neuen Leiter für die US-Kartellbehörde. Dieser war Microsoft gewogen. Die Aufspaltung von Microsoft wurde abgewendet. In der Berufungsverhandlung wurden zwei illegale Praktiken und Verletzungen des Kartellrechts des Softwareriesen bestätigt, das Urteil aber dennoch aufgehoben. Microsoft setzte daraufhin die umstrittenen Produktbündelungen fort, so wie im Fall des in Windows XP integrierten Media-Players.

2003 zahlte Microsoft als Teil eines Vergleichs 750 Millionen $ an den Medien-Großkonzern AOL Time Warner. Hintergrund war immer noch der Browser-Krieg der Neunzigerjahre. Im Rahmen der Entschädigung überließ Microsoft dem Unternehmen auch eine siebenjährige Lizenz für den Internet Explorer.

Im März 2004 wurde Microsoft erneut zur Kasse gebeten: Es zahlte eine Strafe von 497 Millionen € an die europäische Union. Dem lag der erneute Vorwurf des Monopol-Missbrauchs zugrunde. Die Bußgeldstrafe wurde von der Auflage begleitet, neue Windows XP-Versionen ohne den gebündelten Windows Media Player anzubieten.

2008 verhing die EU erneut ein Bußgeld gegen Microsoft, 899 Millionen €. Der Grund dafür war die Weigerung des IT-Giganten, den 2004 verhängten Strafzahlungen und Auflagen nachzukommen.

Microsofts Rechtsvergehen und ihre Kosten

Jahr	Sachverhalt	Euro Mio.	USD Mio.
2003	Rechtsstreit mit AOL Time Warner wegen Netscape. Microsoft zahlte		750
2003	Zahlung an Spielegerätehersteller Immersion zwecks Beilegung eines Streits		26
2003	Zahlung an Softwareunternehmen Eolas wegen Patent-verstoß		521
2003	Außergerichtliche Zahlung an Be Inc. wegen Wettbewerbsverzerrung		23,3
2004	EU-Kommission verhängt Bußgeld wegen wettbewerbswidrigen Missbrauchs der marktbeherrschenden Stellung	497	
2004	Microsoft beendet den Rechtsstreit mit Sun und zahlt für Kartelldelikte und die illegale Nutzung von Patentrechten 1,6 Mio. USD in zwei Einzeltranchen		700 900
2005	30 anhängige Klagen wegen Patentverletzung. Microsoft zahlt an Burst.com 30 Mio. USD		30
2005	Microsoft zahlt an Gateway 150 USD wegen Kartellvergehens		150

2005	Microsoft zahlt nach zehnjährigem Rechtsstreit an IBM wegen wettbewerbswidrigen Verhaltens (Strafe 775, Gutschrift 75)		850
2005	Gateway zieht kartellrechtliche Klage gegen Microsoft gegen Zahlung von 150 Mio. USD zurück		150
2005	RealNetworks und andere erhalten Zahlungen von Microsoft zwecks Beilegung eines Kartellstreits		761
2006	EU-Kommission verhängt Bußgeld wegen fortgesetzter Nichterfüllung der Auflagen aus dem Verfahren von 2004	280	
2007	Europäischer Gerichtshof erklärt die Strafe aus 2004 wegen Missbrauchs der marktbeherrschenden Stellung für rechtens	497	
2008	EU-Kommission verhängt ein erneutes Bußgeld wegen fortgesetzter Nichterfüllung der Auflagen aus dem Verfahren 2004 (Höchste bis dato verhängte Strafe; EU-Gericht wies Einsprüche von Microsoft zurück.)	899	
2009	Ein US-Geschworenengericht verurteilt Microsoft wegen Lizenz- und Patentvergehen zu einer Zahlung		388
2013	Geldbuße wegen Verstoß gegen das Kartellrecht	561	
	Summe Milliarden	**2,73**	**5,24**

2004 gab Microsoft bekannt, dass, nachdem nun wesentliche Rechtsstreitigkeiten beigelegt sind und Rechtssicherheit besteht, die hohen Risikorücklagen aufgelöst würden. Im gleichen Jahr zahlte Microsoft eine Sonderdividende in Höhe von drei USD je Aktie. Insgesamt wurden 34,4 Mrd. USD ausgeschüttet. Das ist die höchste jemals von einer Aktiengesellschaft gezahlte Dividende. Um die Antitrust-Verfahren in der Europäischen Union zu beenden, erklärte sich Microsoft bereit, künftige Windows-Versionen ohne integrierten Mediaplayer anzubieten. Als Goodwill-Aktion fünf „freie" Software-Lizenzen in den Markt gebracht.

7.7 Microsoft und der Datenschutz

In der westlichen Hemisphäre läuten ständig die Alarmglocken, um vor einem angeblichen Hackerangriff der Russen oder Chinesen zu warnen. Hilfe, wir werden von Bösewichten ausgehorcht. Man stiehlt uns Daten und missbraucht diese für finstere Zwecke. Von Angela Merkels abgehörtem Smartphone spricht niemand mehr. Wenn die USA gegen das deutsche Fernmeldegeheimnis verstoßen, ist das nicht einmal ein Kavaliersdelikt. Dass auch der Bundesnachrichtendienst solche Hackerangriffe gegen fremde Staaten ausführt, gehört zu seinem Daseinszweck. Je lauter die Alarmglocken ertönen, umso weniger interessieren sich die Menschen für die von den USA ausgehende Überwachung ihrer netzgebundenen Kommunikation. Die Amerikaner haben keine Hackerangriffe nötig, denn sie sitzen seit langem mitten in den europäischen Kommunikationsnetzen. Obwohl Microsoft die konsequente Einhaltung deutscher und europäischer Datenschutzrichtlinien versprach, haben US-Geheimdienste über den Foreign Intelligence Surveillance Act und den Patriot Act Zugriff auf private Anwenderdaten, selbst dann, wenn diese auf außeramerikanischen Servern lagern. Microsoft gestand diese Möglichkeiten und die entsprechende Praxis ein. Trotz der Vorschriften der DGGVO wurden Anwender darüber nicht informiert.

Im Gefolge des NSA-Skandals wurde 2013 bekannt, dass die Nutzer von Skype und die der Web-Dienste Hotmail und SkyDrive flächendeckend abgehört wurden.

Die sogenannte „freie Welt" unterstützt Amerika bereitwillig bei ihren Spionageaktivitäten, denn in fast jedem Büro von Organisationen jedweder Art sind die Office-Programme von Microsoft (zumeist im Paket von Microsoft Office 365) installiert. Microsoft Office hat in Deutschland einen Marktanteil von 85 Prozent. Wissen die Abonnenten, dass sämtliche Anwenderdaten aus diesem Paket gesammelt, verknüpft und verkauft werden? Im Herbst 2018 kam eine von der niederländischen Regierung angestoßene Untersuchung zu dem Ergebnis, dass Microsoft gegen die DSGVO verstoße. Der Konzern sammle systematisch Daten über die persönliche Nutzung von Word, Excel, PowerPoint und Outlook, ohne die Nutzer vorab ausreichend zu informieren. 2019 warnte der hessische Datenschutzbeauftragte davor, Office 365 zu nutzen.

Zum 365er-Paket gehört ein Dienst namens „MyAnalytics". Damit werden E-Mails und der Kalender statistisch ausgewertet. Microsoft sieht den Nutzen darin, dass einzelne Mitarbeiter auf einen Blick sehen können, wie viel sie arbeiten und wie sie ihre Zeit organisieren. Damit gehen Bewertungen der Arbeitsleistung einher. Liegt die Dauer für das Schreiben einer Outlook-Mail über der von Microsoft definierten Durchschnittszeit, wird das als ineffizient beurteilt. Bei Terminkollisionen im Kalender, aus welchem Grund auch immer, wird der Nutzer als „abgelenkt" eingestuft. Betriebsräte empfehlen, den Einsatz der Analytics-Funktionen abzulehnen oder mittels einer Betriebsvereinbarung in ihrem Umfang einzuschränken.

Auch Microsofts Steuervermeidungspolitik bezeugt zivilgesellschaftliche Defizite. Der Konzern nutzt die infrastrukturellen Angebote in den europäischen Zivilgesellschaften, beispielsweise Schulen, Universitäten, Straßen, Krankenhäuser und Kultur, verweigert aber, sich an deren Finanzierung und Unterhalt zu beteiligen. Irland und die Niederlande befleißigen sich, Microsoft und andere Digitalfürsten hierbei zu unterstützen. Hierzu bedienen sie sich der Möglichkeiten eines Umbuchungstricks mit dem Titel „Double Irish With a Dutch Sandwich".

Die Grundidee ist, innerhalb eines Konzerns Gewinne von Ländern mit hohen effektiven Steuersätzen in Länder mit niedrigen effektiven Steuersätzen zu transferieren. Besonders die digitalen Globalplayer verwenden diese Strategie, um mit Hilfe von Lizenzzahlungen Gewinne in die jeweils gewünschten Steuersysteme zu verlagern. Die Ersparnisse sind exorbitant. Zu den Nutznießern gehören u.a. Adobe

Inc., Amazon, Apple, Facebook, Google, IBM, IKEA, Microsoft, Oracle und Yahoo.

7.8 Unternehmenskultur und Mitarbeiterführung

Mitarbeiterführung und Unternehmenskultur können immer nur vor dem Hintergrund der kulturellen Besonderheiten des jeweiligen Landes beurteilt werden, in dem ein Unternehmen tätig ist. Microsoft ist über den ganzen Erdball verstreut tätig. Das System der Arbeitsbeziehungen ist im asiatischen Raum anders als in Europa oder Amerika. Mitarbeiterführung realisiert sich in Japan anders als in Australien oder Südamerika. Es gibt auch bei Amazon ein Set allgemeiner Aussagen zu Dingen wie Kundenbeziehungen, Werten, Umwelt, Innovation, Respekt und anderem mehr, aber die Menge der weiter vorstehend aufgeführten Kartellrechtsverstöße, Patentverletzungen und Wettbewerbsbehinderungen relativieren die wohlklingenden Versprechen auf der Microsoft-Homepage und in einschlägigen Hochglanzbroschüren.

Im Rahmen des Wettbewerbes „Deutschlands Beste Arbeitgeber 2015" des Great Place to Work Instituts wurden auch Microsofts Mitarbeiter zur Unternehmenskultur und zum Arbeitszeitmodell befragt. Die deutsche Sektion des Konzerns wurde in der Kategorie 2.001 bis 5.000 Mitarbeiter als Sieger ausgezeichnet. Microsoft belegte damit zum sechsten Mal den Spitzenplatz. Die deutsche Geschäftsleitung sieht das als Ergebnis einer offenen und mitarbeiterorientierten Unternehmenskultur sowie der flexiblen Arbeitsgestaltung. Im Mittelpunkt stehen dabei die Prinzipien der Vertrauensarbeitszeit und des Vertrauensarbeitsortes. Statt Kontrolle und Anwesenheitspflicht setzt das Unternehmen auf Eigenverantwortung. Moderne Technologien bilden dabei die Klammer, die Mitarbeiter zwischen Büro, Home Office und jedem anderen Arbeitsort verbindet.

„Die erneute Auszeichnung als Deutschlands bester Arbeitgeber ist ein fantastisches Ergebnis für uns und bestätigt, dass wir in unserer Personalarbeit kontinuierlich die richtigen Weichen stellen", hört man von der deutschen Geschäftsleitung. *„Der Award verdeutlicht uns einmal mehr, dass Mitarbeiter und Unternehmensführung das gleiche*

Verständnis davon haben, wie wir nicht nur in Zukunft, sondern bereits heute arbeiten wollen." [55]

Noch besser fällt das Urteil über Microsoft aus globaler Sicht aus. Der Konzern wurde im Dezember 2021 ebenfalls vom internationalen Great Place to Work Institut® als „Best Company to Work For in the World" ausgezeichnet.

Das Ergebnis ist nicht überraschend, denn High-Tech-Unternehmen pflegen einen libertären Führungsstil, der nicht nur bei Microsoft von den Mitarbeitern positiv aufgenommen wird. Nur so können sich Kreativität und Verantwortungsbewusstsein entwickeln. Führungskräfte sind zunehmend als Coach und Mentor der Mitarbeiter gefordert und weniger als Weisungsgeber mit hierarchischen Abgrenzungen.

Die Corona-Pandemie 2020/21 hat auch Unternehmenskulturen durcheinander gewirbelt. Natürlich bot auch Microsoft seinen Mitarbeitern die Möglichkeit zum Home-Work. Selbst nach dem Ende der ersten Welle galt weiterhin das Angebot, im Büro oder von zu Hause aus zu arbeiten. Rund 73 Prozent der Mitarbeiter wünschten weiterhin, flexibel aus der Ferne arbeiten. Kurt DelBene, Head of Corporate Strategy and Core Services Engineering bei Microsoft, ist davon überzeugt, dass eine Flexibilisierung der Arbeit notwendig sei. Die Microsoft-Mitarbeiter hätten im letzten Jahr gezeigt, „was möglich ist".

7.9 Die Bedeutung von KI für Microsoft

Der Computermarkt verändert sich seit einigen Jahren. PCs und Laptops haben ihn lange dominiert, bis Smartphones und Tablets kamen. 30 Jahre nach Windows 1.0 meinten Experten, einen nachlassenden Schwung des Konzerns in Redmond zu erkennen. Microsoft schien den Anschluss verloren zu haben. Google und Apple etablierten sich als Innovationstreiber. Erst neun Jahre nach Apple Newton, 2012, erschien das erste Tablet von Microsoft. Es erwies sich als Flop. Konkurrent Apple überzeugte den Markt mit mobilen Geräten und präzise aufeinander abgestimmter Software. Darüber, insbesondere über Touchscreens, konnte der CEO Steve Ballmer nur lachen. Smartphone schien im Hause Microsoft fast ein Fremdwort zu sein. Diese Sparte wurde anderen überlassen. Ebenso das Internet mit seinen vielen

Möglichkeiten. Microsoft durchlebte eine Identitätskrise. Das sollte und wollte Ballmers Nachfolger, Satya Nadella, ändern.

In einem SPIEGEL-Interview 2016 erklärte er Microsofts Abstinenz zur Künstlichen Intelligenz so: „*Wozu mit viel Aufwand künstliche Intelligenz entwickeln, nur um sie dann bloß für einen besseren Newsfeed einzusetzen? Wir wollen stattdessen Dinge entwickeln, die unseren Kunden dabei helfen, bleibende Werte zu erschaffen.*"[56] Das sieht man bei Google gänzlich anders, wo Innovationen auch rein prophylaktisch entwickelt werden, weil man sie doch irgendwie und irgendwann gebrauchen wird.

Im gleichen Interview erklärte der Microsoft Vorstandsvorsitzende: "*Künstliche Intelligenz ist absolut zentral und spielt bei allem, was wir tun, eine Rolle... Wir setzen dabei auf verschiedene Pfeiler: Azure, unsere intelligente Cloud, ist der erste Supercomputer*"[57]. Hier werden Anwendungen, Frameworks und Datenbanken zur Verfügung gestellt, die sich in erster Linie an Softwareentwickler richten. Die Dateien des Anwenders liegen nicht mehr auf dem eigenen Computer, sondern auf den Servern des Providers. Dahinter steckt Microsofts Strategie, sich wesentlich stärker auf internetbasierte Dienste zu konzentrieren und so dem Käufertrend zu billigeren und leistungsschwächeren Rechnern wie Netbooks begegnen zu können. Da keine Software mehr an Endanwender vertrieben wird, minimiert sich das Problem der Raubkopien.

Kein IT-Konzern kann es sich erlauben, auf Forschung und Entwicklung zu verzichten. Um die Forschung zu forcieren, schuf Microsoft 1991 den Bereich „Microsoft Research" (MSR). Mehr als 1.000 Informatiker, Physiker, Ingenieure und Mathematiker arbeiten hier weltweit verzweigt in sieben Forschungszentren an der Fortentwicklung der IT, darunter namhafte Preisträger von Wissenschaftsauszeichnungen. Das Leitbild lautet:

1. Erweitern Sie den Stand der Technik in jedem der Bereiche, in denen wir forschen
2. Überführen Sie innovative Technologien schnell in Microsoft-Produkte
3. Stellen Sie sicher, dass Microsoft-Produkte eine Zukunft haben.

Diese Produkte rechnet Microsoft der KI zu: Kinect, Bing, Holo Lens, Cortana, Translator, LinkedIn und Havok. Zur Marktreife wurden Programmiersprachen und Computersysteme, aber auch die in Windows verwendeten Funktionen ClearType und Sidebar gebracht. Maschinelles Lernen ist einer der Forschungsschwerpunkte. Mit namhaften Universitäten bestehen Kooperationen, so auch mit dem Massachusetts Institute of Technology. In China gibt es neun gemeinsam betriebene Forschungszentren.

Der jährliche Forschungsetat liegt nach verschiedenen Schätzungen bei 10 bis 15 Milliarden USD. Zwischen 2010 und 2018 meldete das MS-Forschungsinstitut etwa 30.000 internationale Patente an.

8. Digitale Überwachung zum Quadrat

China ist das Paradebeispiel für KI-basierte Überwachung im Alltag von Menschen. Wir erleben den Aufbau einer Gesellschaft, die mit überwachten Verhaltenswerten kybernetisch kontrolliert und gesteuert wird. Der Glaubenssatz „Gott sieht alles" wird in nichtgöttlicher Form real. Aber der Unterschied zwischen dem „lieben Gott" und dem auf Lebenszeit gewählten Generalsekretär der Kommunistischen Partei, Xi Jinping, ist nicht sehr groß. Westliche Staaten sollten ihre Kritik an China zügeln, denn auch hier ist die Videoüberwachung im öffentlichen Raum gängige Praxis. Wer in London genau hinschaut, dem dürften die vielen Video-Überwachungskameras an Häusern, Laternenmasten oder hoch angebrachten Verkehrszeichen auffallen. Auf 1.000 Einwohner entfallen 73,3 Überwachungskameras, mehr als in Peking mit 55,0. Interessanterweise wünschen sich 75 Prozent der Einwohner Berlin mehr Videoüberwachung. Vergleichbare Zahlen liegen aus EU-Staaten vor. Die Menschen hoffen, dass sich dadurch soziale Probleme minimieren oder lösen lassen. Wer mit einer Sonnenbrille von einer Überwachungskamera erfasst wird, gilt als verdächtig.

Aber nicht nur Videoüberwachung mit Gesichtserkennung gehört zum westlichen Überwachungsarsenal, auch Ansätze von Social Scoring. So wird in der belgischen Region Flandern das Klickverhalten von Arbeitslosen überwacht. Man will so herausfinden, ob sie aktiv auf Jobsuche sind und man ihnen gegebenenfalls die Unterstützung entziehen sollte. In Dänemark gab es massive Proteste gegen die Pläne der Regierung, Risiken für das Kindeswohl automatisiert zu berechnen. Für Besuche beim Kinderarzt sollte es Pluspunkte, für Ehescheidungen Negativpunkte geben. Das deutsche Social Scoring erledigt die seit 1927 bestehende Schufa, indem sie die Kreditwürdigkeit von Personen ermittelt. Die dabei eingesetzten Kriterien bleiben das Geschäftsgeheimnis des Unternehmens. Auf der Homepage von „Algorithmwatch" finden sich Dutzende Beispiele von Überwachungsprojekten in EU-Staaten.

Wenn das politische System westlicher Staaten könnte, wie es wollte, würde es sich am chinesischen Überwachungsmodell orientieren. Es scheitert nicht am Widerstand der Bevölkerung, sondern an der fehlenden oder unterentwickelten IT-Technik.

8.1 Datenkapitalismus: Profite durch Überwachung

Der Kapitalismus präsentierte sich im Laufe seiner Geschichte in verschiedenen Spielarten. Am markantesten waren der Industriekapitalismus, der Industriekapitalismus, der Finanzkapitalismus und nach 1980 der Digitalkapitalismus, aus dem der Datenkapitalismus hervorging. Der „Überwachungskapitalismus" wurde mit Beginn unseres Jahrhunderts geboren. Während der Industriekapitalismus Naturgewalten zähmte und dabei die Natur (ver)nutzte, verwertet der KI-getriebene Datenkapitalismus den Menschen und breitet fast unmerklich seine Herrschaft über ihn aus. Daten sind sein Produkt und Handelsgut.

Im Gefolge dieses Prozesses geht eine Verlagerung und Neuverteilung von Wirtschaftsmacht einher. Der Datenkapitalismus wird immer mehr zum Platzhirsch der globalen Wirtschaft. Digitalisierung konkretisiert sich in der Datafizierung. Diese Umwandlung des lebenden Menschen in ein Datenkonstrukt setzt umfassendes Wissen über uns Menschen voraus, denn nur so kann man aus unserem Denken und Fühlen ein attraktives Handelsgut generieren. Das erklärt, warum Digitalisierung und Überwachung Hand in Hand gehen.

Die Überwachung breitet sich leise und schleichend wie eine Grippewelle aus. Anders als bei George Orwells „Big Brother" wird auf Macht und Durchsetzung verzichtet. Viele der digitalen Angebote von Google und Facebook sind gratis nutzbar. Das kaschiert die Überwachung und verleiht ihr eine sympathische Fassade. Mit rhetorischen Kunstbegriffen, wie „Interoperabilität", „offenes Internet" oder „Konnektivität", wird der Inhalt koloriert.

Wir können Bilder, Musik und Texte speichern, versenden und kostenlos telefonieren. Leider übersehen die meisten dabei: Bei Google, Facebook & Co gibt es nichts gratis. Wir bezahlen mit unseren Daten, einer neuartigen Währung. In einem Interview 2018 klagte die Apple-Legende Steve Wozniak: *„Facebook verkauft, was ich like, verdient damit Millionen und gibt nichts zurück."*[58]

Unser Verhalten wird durch soziale Medien in Mathematik und Daten umgewandelt und somit lesbar. Wir machen uns berechenbar und manipulierbar. Unsere Gewohnheiten werden mit jedem Klick bei Google, Amazon und anderen Anbietern als Muster erkennbar. Das Wissen über die Bevölkerung war früher das Monopol des Staates. Es wurde infolge der Digitalisierung kommerzialisiert. KI-Unternehmen greifen in unsere Autonomie ein. Wir müssen um den engsten Lebensbereich fürchten, wenn Maschinen ständig mitlauschen. Alles, was wir dem Computer anvertrauen, landet als „Material" in der Datenbank eines Rechenzentrums. Unser Recht auf das Private geht verloren.

Harvard Professorin Shoshana Zuboff benennt dieses mit dem Begriff „Überwachsungskapitalismus". In einem SPIEGEL Interview 2018 erklärt sie: *„Der Überwachungskapitalismus ist eine Mutation des modernen Kapitalismus. Sein Rohstoff sind Daten, die aus der Überwachung von menschlichem Verhalten gewonnen werden. Diese Daten, wie sich jemand verhält, verwandelt er in Prognosen, wie sich jemand verhalten wird, und diese Prognosen werden in neuen Märkten verkauft."*[59]

In ihrem mehr als Seiten umfassenden Bestseller „Überwachungskapitalismus" begründet sie diesen Begriff damit, dass KI ursprünglich eine Überwachungs- und Steuerungstechnologie des US-Militärs zur Luftraumüberwachung war. Mit präziser Radikalität beschreibt sie die Überwachungspraktiken des digitalen Kapitalismus, allen voran Google. Ihr Werk steht hinsichtlich des aufklärerischen Inhalts auf einer Stufe mit Pikettys Bestseller „Das Kapital im 21. Jahrhundert" aus dem Jahre 2014.

8.2 Überwachung zwecks Scoring

Airbnb, weltumspannender Zimmervermittler, besitzt ein Patent, das Übernachtungssuchende vor der Buchung einem Onlinescreening unterzieht. Aus den Daten wird ein Vertrauens-würdigkeitsscore errechnet. Der Vermieter bekommt so eine Auskunft darüber, ob der Gast ein rechtschaffender Bürger ist. Airbnb seinerseits will sich damit absichern und die Versicherungssumme in Schadensfällen gering halten. Zwar betont Airbnb, dass dieses Patent nicht genutzt werde, aber Risikobewertungen und Hintergrundchecks von Gästen werden seit geraumer Zeit durchgeführt. Auf der Airbnb-Webseite ist zu erfahren: *„Wir nutzen Vorhersagemethoden und maschinelles Lernen, um auf der Stelle Hunderte von Signalen auszuwerten, die uns dabei helfen, verdächtige Aktivitäten zu erkennen und zu unterbinden.“*

Weltweit gibt es Hunderte, wenn nicht gar Tausende geheime Scores, ähnlich dem Schufa-Score in Deutschland. Fluggesellschaften ranken ihre Passagiere. Häufige Beschwerden wirken sich ebenso negativ auf den Score aus, wie die gehäufte Rücksendung von Waren bei Amazon. Beschwerdemanagement und Retourenbearbeitung kosten Zeit und Geld. Der Kunde weiß nichts von subtilen Bevorzugungen und Benachteiligungen infolge seines Verhaltens. Diese Art von Gratifikation und Sanktion bewegt sich knapp unterhalb der Schwelle der Diskriminierung und ist in der Praxis kaum zu beweisen.

Gegen eine Überwachung von Wetterdaten, Verbrechersyndikaten, Epidemieverläufen, Verkehrsflüssen oder des Baum- und Insektensterbens ist nichts einzuwenden, wohl aber gegen die Bespitzelung von

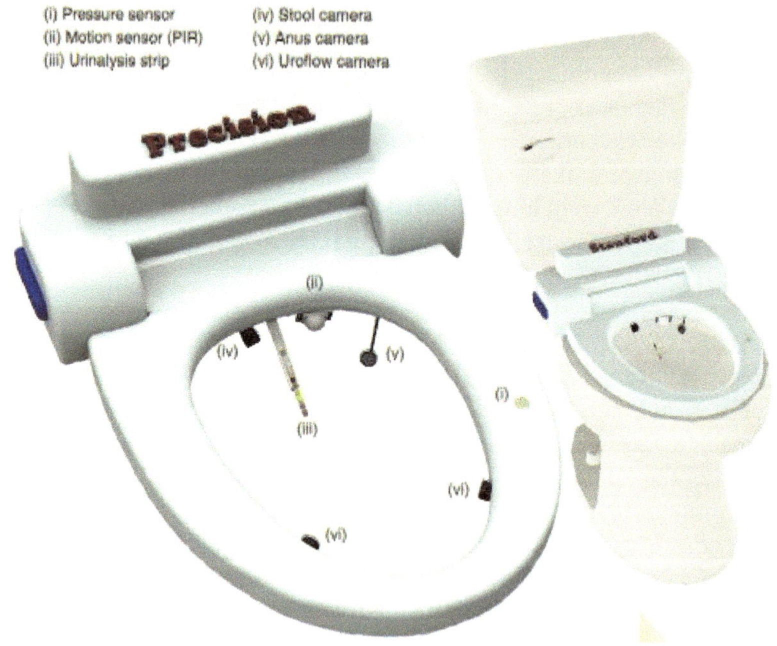

© by Stanford-University

Menschen im Stillen. Überwacht wird fast jeder, auch solche mit absolut reiner Weste. Schuldig oder unschuldig ist hier eine irrelevante Frage. Es droht die Gefahr, dass sich die Überwachung verselbstständigt, so wie die 2001 beschlossene Möglichkeit des Kontenabrufs durch die Bundes-anstalt für Finanzdienstleistungsaufsicht, die in den Folgejahren auf andere Behörden erweitert wurde. Ursprünglich geschaffen, um Geldwäsche und Terrorismusfinanzierung zu bekämpfen, ist daraus ein Arbeitsmittel der Finanzverwaltung entstanden. Das zeigt die Zahl der Anfragen, die von 72.000 im Jahr 2012 auf knapp eine Million in 2020 gestiegen ist. Es bedarf keiner Spitzel mehr mit Schlapphüten und Sonnenbrillen, keiner Denunzianten am Arbeitsplatz oder in der Nachbarschaft. KI überwacht wirksamer, schneller und findet zeitgleich Verbindungen im Big-Data-Meer. Das Private wird öffentlich, so wie heute schon in einem Café geführte Telefonate per Smartphone.

Selbst das Privateste des Privaten, der Aufenthalt im „stillen Örtchen", droht der Verlust seiner Privatheit. Mit ausgefeilter KI-Technik wird die Überwachung bis in den After ausgedehnt. Kluge Köpfe der Stanford-University entwickelten die erste „smarte Toilette". Sie ermöglicht die Analyse von Kot und Urin und kann den jeweiligen Benutzer biometrisch erkennen. Die Toilette erfasst beim Erledigen der Geschäfte die Durchflussrate und den Druck des Urinstahls sowie die Konsistenz des Stuhls. Die Kloschüssel ist so konstruiert, dass auch Biodaten zu Drogenkonsum oder zu einer Schwangerschaft verfügbar werden (Foto © Stanford-University).

8.3 Ubiquitäre Überwachung

Googles langjähriger Konzernlenker, Eric Schmidt, verkündete auf dem Weltwirtschaftsforum in Davos 2017, dass das Internet verschwinden werde. *„Statt des Internets wird es so viele IP-Adressen... geben, so viele Geräte, Sensoren, Dinge, die Sie am Körper tragen, Dinge, mit denen Sie interagieren können. Sie werden das noch nicht einmal mehr spüren. Sie haben es immer um sich. Stellen Sie sich vor, Sie treten in einen Raum, und der Raum ist dynamisch. "*[60] Damit hatte er nochmals das in Worte gefasst, was die Computerlegende Mark Weiser (1952 – 1999) in seinem 1991 erschienenen Buch „The Computer for the 21st

Century" prognostizierte. Darin schrieb er, dass gewisse Technologien verschwinden, indem sie sich mit dem Gewebe unseres Alltags verquicken. Computer verschwinden im Hintergrund, indem sie sich in die Umgebung des Menschen einfügen, anstatt den Menschen zum Eintritt in ihre Welt zu nötigen. Er nannte dieses „ubiquitäres Computing". Die Welt werde mit einem Sensorennetz überzogen, das Bewegungsabläufe oder Veränderungen registriert oder dokumentiert, so wie die Black Box eines Flugzeuges. Wearables am Körper eines Menschen messen schon heute Temperatur, Schrittmenge, Herzfrequenz, Zuckerspiegel und anderes mehr, um die Werte an medizinische Überwachungsstellen zu melden, von wo aus sie an Krankenkassen und Lebensversicherungen weitergereicht werden.

In einigen Jahren wird die Informationstechnologie so allgegenwärtig sein wie heute die Elektrizität und Smartphones. In der KI-Welt ist man sich einig, dass infolge von Ubiquität schon bald alles vernetzt, bekannt und nutzbar ist. Das Internet der Dinge sorgt dafür, dass „ungenutzter Raum" in Erträge umgewandelt wird. Google denkt darüber nach, im sozialen Raum Daten zu schöpfen, beispielsweise mit Verkehrsleitsystemen, die darüber Auskunft geben, woher Menschen kommen und wohin sie gehen. Uber will dabei sein, um seine Fahrzeuge in Richtung überlasteter Bushaltestellen zu dirigieren.

Mehrere hundert Stadtplaner, Bauexperten, Soziologen, Ökonomen und Technologen aus dem Hause Alphabet/Google arbeiten an der Frage wie die Stadt der Zukunft auszusehen habe. Unverblümt gibt Alphabet/Google zu: *„Wir finanzieren alles... über ein neues Werbemodell... Wir können dann tatsächlich gezielt die Werbung direkt an Leute in nächster Nähe richten und sie dann ganz offensichtlich über Funkchips und GPS-Dienste und dergleichen aber auch über ihre Browseraktivitäten tracken. "*[33] Voraussetzung sei allerdings, dass die beteiligten Akteure von den zahlreichen städtischen Verordnungen ausgenommen seien, um ohne Einschränkungen bauen zu können. Toronto ist hierfür das Pilotprojekt.

Mit seinem vorstehend zitierten Diskussionsbeitrag auf dem Davoser Gipfel 2007 meinte Eric Schmidt nicht das Ende des Internets als solches, sondern dessen Entkoppelung von PC, Smartphone oder Tablet. Als Datensammler und -verkäufer ist Google an gutem „Rohstoff" interessiert. Die erste Datengeneration ermöglichte eine zielgerichtete Online-Werbung. Doch die kommende Generation steigert die Qualität. Sie steht der direkten Beobachtung dann um nichts mehr nach. Die Daten werden gleichsam autonom, also ohne das Wissen, Wollen und Zutun eines Menschen generiert.

So wie LKWs, die eine Toll-Collect-Autobahnbrücke unterqueren, können auch Menschen in ihren Bewegungsabläufen überwacht werden, ohne dass diese es merken oder wissen. Die Gesichtserkennung ist nur eine von mehreren Möglichkeiten. Daten werden gleichzeitig in der Tiefe unserer Persönlichkeit generiert. So liefert die psycho-algorithmische Stimmanalyse bei Alexa persönliche Informationen über unser Seelenleben. Wir laufen ähnlich Wildtieren ständig an „Fotofallen" vorbei, von denen wir nichts wissen. Die Werbewirtschaft kann dank dieser Schnappschüsse somit noch passgenauer auf konkrete Menschen zielen.

Der heutige Mensch erlebt eine ständige, umfassende und allgegenwärtige Verdatung, Instrumentierung und Berechnung von allem und jedem und jedweder Art von Prozessen. Von Gebäuden, Telefonen, Fahrzeugen, Menschen, Geschäften und Unternehmen, um nur einige Beispiele der realen Welt zu nennen, gehen unablässig Aktionen aus, die in der digitalen Welt in Daten umgewandelt werden. Daran zeigt sich der Wert des Internets der Dinge. Wer es beherrscht, steuert den Verlauf der Dinge. Viele Little Brothers sind an die Stelle von Big Brother getreten.

Nach Meinung der Hightech-Pioniere in Kalifornien ist diese Entwicklung unumkehrbar. Die Technologie sei eine autonome Kraft, deren Verlauf dem menschlichen Einfluss entzogen sei. Wer an dieser Stelle die Frage nach gesellschaftlichen Werten stellt, gilt als rückschrittlich. Die deterministische Unvermeidlichkeitsdoktrin lässt keinen Raum für alternative Möglichkeiten menschlicher Handlungen, obwohl wir Menschen Schöpfer der digitalen Zukunft sind. Wir könnten die IT-Prozesse zwar kontrollieren, aber wollen wir das überhaupt? Würde man Menschen vor die Wahl stellen „Smartphone oder Demokratie", würden sie sich wahrscheinlich für das Handy entscheiden.

Google, Facebook & Co treiben die Vision einer rechnergestützten Umwelt, in der das Datentracking reichlich Ausbeute verspricht und der

Datenmarkt mit neuen Angeboten versorgt wird, voran. Das Internet der Dinge wird über uns kommen so wie einst Personalcomputer und Handys. Die digitale Infrastruktur, entwickelt sich von einem Etwas, was wir haben, zu einem Etwas, was uns hat, schreibt Shoshana Zuboff.

8.4 „Freiwilliger Zwang" zur Überwachung

Der Digitalkapitalismus zwingt die Menschen, ihrer Überwachung zuzustimmen, ansonsten drohen ihnen soziale Isolierung und Chancenlosigkeit. Ein Bewerber ohne Mail-Account ist chancenlos. Einem Kleinunternehmer ohne Homepage fehlt ein wichtiges Werbemittel. Wir sind gezwungen, Onlinekanäle zu nutzen. Wer sich ihnen entzieht oder wem sie entzogen werden, verliert seine Kontakte und gerät ins gesellschaftliche Abseits. Wer sie nutzt, muss die Nutzungsbestimmungen und damit die Überwachungsmöglichkeiten akzeptieren. Es handelt sich um Knebelverträge. Wie es die Schwierigkeiten bei Kündigungsversuchen zeigen, bleiben sie an einem haften.

Umgekehrt kann das IT-Unternehmen die Vertragsbedingungen jederzeit ändern. Amerikanische Juristen betrachten solche Verträge als „Beeinträchtigung der Rechtsstaatlichkeit" und als „Pervertierung". Seitenlange Geschäftsbedingungen führen den Betroffenen in ein Rechtsuniversum, das er nicht überblickt. Kein Mensch liest die kleingedruckten Verträge durch. Wissenschaftler haben errechnet, dass die angemessene Durchsicht aller Datenschutzrichtlinien, die man im Laufe nur eines Jahres zur Kenntnis nehmen soll, sechsundsiebzig Arbeitstage bedürfe.

Sogenanntes Nudging ist das Vehikel, Menschen zum Ja-Klick für einen Knebelvertrag zu bewegen. Nudging ist ein vom Nobelpreisträger Richard Thaler konzipiertes Steuerungskonzept. Demnach folgen Menschen immer dem einfachsten Weg, wenn sie eine Entscheidung fällen müssen. Das Einfachste und Bequemste wird bei IT-Angeboten immer so aufbereitet, dass ein schneller Klick genügt, um in den Genuss eines Angebotes zu kommen. Kombiniert man Nudging mit einer Datenauswertungsmaschine, die Manipulationsimpulse auf den Monitor bringt, erleichtert das die Verführung zum Unterschriftenklick.

8.5 Überwachung und Datennachschub durch Tracking

Großmächte sichern ihre Versorgungswege zu Lande, zu Wasser und in der Luft. Amerikanische Kriegsschiffe kreuzen im Persischen Golf, um die Versorgung ihres Landes mit Erdöl aufrechtzuerhalten. Auch Internetgiganten wie Google und Facebook sichern ihre Nachschubrouten. Android ist hierbei so etwas wie die geplante Seidenstraße. Der Nachschub erfolgt mit sogenannten „Cookies" und durch „Tracking. Letzteres bedeutet „Verfolgung". Im Netz wird die Spur eines Nutzers verfolgt, sein Verhalten aufgezeichnet und ausgewertet.

Um Menschen passgenaue Werbung zukommen zu lassen oder mehr über sie zu erfahren, benötigen die Algorithmen viele personenbezogene Daten, beispielsweise die aufgerufenen Webseiten, Plattformfreundschaften, gepostete Inhalte oder Nachrichten an Freunde. Die sichtbar werdenden Verhaltensmuster werden zum Zwecke eines Persönlichkeitsprofils analysiert. Vorab aber muss ein Cookie im Browser des Surfers installiert werden. Hierbei handelt es sich um einen kleinen Datensatz, der als eine Art Schlüssel auf dem genutzten Computer gespeichert wird. Er besteht aus einem Namen und einem Wert, etwa so:

```
"Set-Cookie:" Name  "=" Wert * ( ";" Attribut)
"Set-Cookie:" Name  "=" Wert * ( ";" Name "=" Wert)
```

Im Falle eines späteren nochmaligen Klicks auf dieselbe Internetseite, wird der Besucher sofort identifiziert. Der Betreiber der Webseite erfährt wer sich für das Angebot interessiert und erhält Informationen über den Nutzer. Das können unter anderem Angaben zur IP-Adresse, Interessenschwerpunkte, Finanzen, Bildungsstatus und Einkäufe sein. Wird das Surfverhalten über einen längeren Zeitraum observiert, entsteht ein umfassendes Persönlichkeitsprofil für das sich die Marketingabteilung eines Unternehmens oder die Werbebranche interessiert. Je detaillierter ein solches Profil ist, umso höher ist sein Marktwert. Dafür sorgen u.a. die sozialen Medien. Wenn sich Nutzer oft und lange auf Facebook oder Instagram aufhalten, hinterlassen sie eine Datenspur mit aussagekräftigen Inhalten. In den USA werden diese an spezielle Analysedienste weitergereicht, die Zielgruppen identifizieren und kategorisieren.

Cookies ermöglichen das Tracking. Dieses wird auch mit Hilfe des Smartphones betrieben. Einfache Handy-Apps, so etwa die Taschenlampe oder die Uhr, nehmen Zugriff auf den Standort, das Telefonbuch oder den Terminkalender des Handynutzers, ohne dass sie/er das weiß.

Google ist immer dabei. Das zeigen Untersuchungen vergangener Jahre. In den USA fand man „Googles Tracking-Infrastruktur" auf 92 der Top 100 Sites. Neben Daten aus sozialen Netzwerken werden auch Inhalte des Dienstes Gmail ausgewertet. Das Unternehmen schweigt sich darüber aus, was über Werbezwecke hinaus mit den Ergebnissen geschieht. Google-Forscherin Shoshana Zuboff resümiert: *„Googles Fähigkeiten, Nutzer auf beliebten Websites zu verfolgen, sucht seinesgleichen; sie erreichen einen Level an Überwachung, den sonst nur ein Internet Service Provider erreichen kann.*"[61]

Insbesondere Einkäufe sind eine wertvolle Informationsquelle für Persönlichkeitsprofile. Laut New York Times wurden 2017 in den USA 200 Millionen mobile Endgeräte getrackt. Das zeigt, dass die von App-Anbietern behauptete Pseudonymisierung kein wirklicher Schutzschild gegen das Herumschnüffeln in der Persönlichkeit von Menschen ist.

Nach einem weiteren Bericht der New Times untersuchten IT-Wissenschaftler mehr als 22.000 Pornowebseiten auf Trackingspuren. Sie stießen dabei auch auf Google und Facebook, die solche intimen Daten angeblich nicht verwenden. Doch die Wahrheit ist, dass man den Internetnutzern über die Schulter schaut und deren Lust am Sex selbst dann registriert, wenn der Inkognito-Modus eingeschaltet ist. In 74 Prozent der Fälle war Google auf jeder zehnten Facebookseite mit Trackern eingebunden. Angeblich sei Nacktheit für Zuckerberg & Co strikt tabu. Zur Beruhigung: Internetwerber interessieren sich i.d.R. nicht für einzelne Personen, sondern wollen große (Ziel-)Gruppen ansprechen, beispielsweise 5.000 Junggesellen in norddeutschen Großstädten. Außerdem: In Deutschland dürfen sexuelle und politische Präferenzen laut Datenschutz nicht erfasst und weitergegeben werden, aber anhand intelligenter Merkmalskombinationen und Korrelationsanalysen lassen sie sich ermitteln. Ein ungenannter Fachmann aus der Branche:

„Analytisch gesehen sind Homosexuelle eine Zielgruppe. Jede Zielgruppe lässt sich mit bestimmten Datenpunkten eingrenzen."

Der Betreiber einer Homepage erfährt mittels der hier beschriebenen KI-Methoden, auf welchem Wege ein Nutzer auf seine Seite gelangte und wie lange er dort verweilte. Ein Unternehmen kann auf Basis solcher Informationen bei Facebook oder einem anderen Anbieter eine Werbeanzeige für eine eng definierte Zielgruppe buchen, beispielsweise Akademiker mit Bart, Alter 40 bis 45 Jahre, mit Wohnsitz in Köln, die Motorräder der Marke Moto Guzzi fahren. Fast jeder Seitenaufruf wird heutzutage von Web-Dienstleistern mitgeschnitten und weiterverarbeitet. Diese oder der Onlineshop erfahren so, welche Art von Werbung Benutzer zum Kauf eines Angebots anregen. Mit den gewonnenen Informationen wird ein Nutzerprofil zum Zwecke passgenauer Werbung, im Fachjargon „targeted advertising", erstellt. Unser Recht auf das Private geht verloren. Diese Gefahr sieht selbst Microsoft-Präsident Brad Smith. Er fordert, darüber zu reden, wie die zukünftige Gesellschaft aussehen solle, und zwar *„bevor wir aufwachen und feststellen, dass das Jahr 2024 wie die Welt in Orwells Buch mit dem Titel ,1984' aussieht."*[62]

8.6 Trittbrettfahrer des Überwachungskapitalismus

Der „Überwachungskapitalismus etablierte sich mit Beginn unseres Jahrhunderts. Zwar wurde er digital gezeugt, fand aber innerhalb kürzester Zeit Trittbrettfahrer außerhalb der Digitalwirtschaft. Ähnlich der Realwirtschaft, die ihr Glück mit Finanzprodukten versuchte, wollten andere Branchen, so etwa Kreditkartenorganisationen, Versicherungen, Versorgungsunternehmen, der ADAC und Dienstleister wie Bahn und Post an Erträgen aus dem Datengeschäft teilhaben. Dank hochintelligenter Algorithmen konnten sie interessierten Organisationen und Unternehmen mehr bieten als nur die Anschrift, das Alter und Einkommen, den Energieverbrauch u.ä.m. Algorithmen mit der Aufgabe, Kundendaten zu analysieren, ermöglichen in Verbindung mit weiteren Datenquellen einen Einblick in die Gefühlswelt und das Seelenleben von Menschen. Die Privatsphäre wurde zur marktfähigen Ware.

Auch Unternehmen außerhalb von Google, Facebook und Microsoft schürfen in den digitalen Datenminen, beispielsweise „Verizon", mit 91,2 Millionen Kunden der größte Mobilfunkbetreiber der USA, zu dem auch AOL (Alles OnLine) mit 30 Millionen Nutzern gehört.

Microsoft erwarb 2016 für 26,2 Milliarden USD das soziale Netzwerk der Businesswelt „LinkedIn" mit 660 Millionen Kunden. Die Anwender bestücken es freiwillig mit reichhaltigen Informationen über sich, denn schließlich will man auf sich aufmerksam machen. Datenjäger und Werbewirtschaft schätzen dieses Daten-Eldorado, denn es ist eine Plattform für kaufkräftige Gehaltsklassen.

Natürlich gehört der Telekommunikationsgigant AT&T mit einem Umsatz von 163 Milliarden USD und mehr als einer Million Mitarbeitern zu den Unternehmen, die aus dem Weiterverkauf ihrer Kundendaten Umsätze generieren. Selbst kleinere „Fachgeschäfte" bieten Datenprodukte an, beispielsweise zu Risikomitarbeitern. Im Auftrag von Unternehmen durchkämmen sie das Web nach Informationen über Mitarbeiter und Bewerber und ordnen diese auf einem Risikoindex ein.

8.7 Palantir, die globale Daten-Stasi

Im August 2020 berichtete das Wall Street Journal von einer heimlichen Schnüffelsoftware, die in etwa 500 Smartphone-Apps eigeschleust wurde. Mit ihr erfasst das Unternehmen „Anomaly Six" mit Sitz in Virginia (USA) weltweit Standort- und Bewegungsdaten. Zwar haben die Smartphonenutzer der Standort-erfassung zugestimmt, nicht aber dem Verkauf ihrer Daten. In der EU käme das einem Verstoß gegen die Datenschutz-Grundverordnung gleich. Das Unternehmen Anomaly Six teilte mit, dass die Daten genutzt würden, um Kunden Einblick in Verhalten und Nutzungsmuster zu geben. Dazu dürften laut Wall Street Journal auch die Nachrichtendienste der USA und Strafverfolgungsbehörden gehören. Welche Apps an dieser Art der Datenschieberei beteiligt sind und wer die Kunden sind, bleibt geheim.

App-Anbieter erheben von Drittanbietern eine Gebühr dafür, dass sie Tracking-Software in ihre Anwendung einfügen. Der Trackinglieferant verkauft dann die von der App abgegriffenen Daten, der App-

Betreiber erhält einen Teil der Einnahmen. Nutzer wissen nicht, dass nach der Installation einer Wetter-App, eines Spiels oder Navigationsprogramms ihre Bewegungsprofile gesammelt oder verkauft würden. Wer möchte schon, dass der Besuch eines Bordells oder eines Spielkasinos aufgezeichnet werden? Damit ist aber zu rechnen, denn Mobilfunkdaten werden in den USA kaum geschützt. *„In den USA wird leider oft Anonymisierung gesagt, und Pseudonymisierung gemeint."*[63]

Großes Erstaunen herrschte Ende August 2020, als das in der Digitalsphäre tätige Unternehmen Palantir das Börsenparkett betrat. Das Unternehmen ist dafür bekannt, dass Geheimdienste, Polizeibehörden, das Pentagon und etwa 100 namhafte Megaunternehmen zu seinen bevorzugten Kunden gehören. Die CIA ist mit ihrer Investmentgesellschaft „In-Q-Tel" aktiver Geburts-helfer und mit 15 Prozent Mitinhaber des Unternehmens. Pentagon und FBI, die US-Grenzbehörde Immigration and Customs Enforcement (ICE), europäische Nachrichtendienste und selbst die Polizei des Bundeslandes Hessen gehören zu den Käufern von Palantir Software. Der Kaufpreis ist im Falle Hessens ein Staatsgeheimnis.

Palantir erfreut sich nicht nur an der Börse großer Wertschätzung. Das zeigt die Mitgliedschaft im 2019 initiierten EU-Projekt „Gaia-X", sozusagen einer EU-Cloud. Zweck und Ziel dieses Verbunds von etwa 200 Unternehmen und Organisationen ist der Aufbau einer leistungsstarken, wettbewerbsfähigen, sicheren und vertrauenswürdigen Dateninfrastruktur für Europa. Eigentlich handelt es sich hierbei um eine sinnvolle Idee, zumal laut Wikipedia *„faire und transparente Geschäftsmodelle gefördert"* und Standards entwickelt werden sollen *„die auf gemeinsamen Werten und relevanten Regulierungen der EU und ihrer Mitgliedsstaaten beruhen".* Ausgerechnet Palantir, die „Schlüsselfirma der Überwachungsindustrie" bekennt sich zu diesen Werten. Palantir sei das genaue Gegenteil von Europas Interessen, twittert der Chef der belgischen Online-Werbefirma Actito, Benoit De Nayer. *„Es ist eines der verachtenswertesten Unternehmen der Welt, das autoritären Regierungen hilft, ihr Ziel der totalen Kontrolle zu erreichen"*[64] (auf Twitter). Andere Kritiker fragen sich, warum wir unsere Daten über den Umweg Palantir an die CIA weiterleiten, statt den direkten Weg zu nehmen.

Das CIA-Zuträgerunternehmen Palantir wurde 2004 vom Paypal Mitgründer Alex Karp, und dem Donald Trump-Unterstützer Peter Thiel sowie dem Hedgefonds-König Stephen Cohen als „Big Brother for Big Data" gegründet. 2.500 Mitarbeiter arbeiten an 25 weltweit verstreuten Standorten an der Aufgabe, die der CEO Alex Karp auf dem Weltwirtschaftsgipfel in Davos 2020 so beschrieb: *„Die Kernaufgabe unseres Unternehmens ist es, den Westen, besonders Amerika, zur stärksten Macht der Welt zu machen, um Frieden und Wohlstand zu sichern.*"[65] Alex Karp studierte in Stanford und an der Johann-Wolfgang-Goethe-Universität in Frankfurt am Main, wo er mit dem Thema „Aggression in der Lebenswelt" promovierte. Sein besonderes Interesse galt der linksalternativen Kritischen Theorie. Der soziologische Übervater Jürgen Habermas soll zu seinen Betreuern gehört haben. Laut Wikipedia bezeichnet sich Karp als Sozialist. Bis 2020 saß Karp im Aufsichtsrat der BASF AG. Seit 2018 gehört er dem Aufsichtsrat der Axel Springer AG an. Den CEO des Konzerns, Matthias Döpfner, kennt er aus seiner Studienzeit in Frankfurt/M.

Es gibt viele Unternehmen, die Dienstleistungen zur Datenanalyse anbieten. Palandirs Know-how sticht hervor, denn es macht Big Data nutzbar, indem es aus überquellenden und unüberschaubaren Datenmassen relevante Erkenntnisse herausfiltert. Nachrichtendienste und Polizeibehörden verfügen über Unmengen von Daten. Deren Auswertung bereitet Arbeit und Probleme, zumal die Daten in unterschiedlichen Systemen mit inkompatiblen Formaten gespeichert sind. Dieses Big-Data-Gebirge besteht aus Text, Ton, Bild, aus Zahlen, Sensorimpulsen und anderen Typen, die in Beziehung zu setzen sind, um die Nadel in vielen Heuhaufen zu finden, die bisher einzeln durchwühlt wurden. *„Palantir Gotham integriert und transformiert Daten unabhängig von ihrem Typ oder Umfang in einer Plattform. Hier werden sie angereichert und definierten Objekten – Personen, Orte, Dinge und Ereignisse zugeordnet und in eine verbindende Beziehung gesetzt*", ist auf der Webseite von Palantir zu lesen.[66] Was einstmals mühsame und zeitaufwendige Hand- und Kopfarbeit am Schreibtisch war, übernehmen leistungsstarke KI-Algorithmen.

Das Angebotsprofil von Palantir wäre interessant, wenn es nicht die Nähe zum Geheimdienstsumpf und zu dubiosen Unternehmen, wie beispielsweise Cambridge Analytica, gäbe. Ein Whistleblower plauderte aus, dass Palantir den Manipulateuren von Cambridge Analytica bei der Verarbeitung der von Facebook erbeuteten Daten geholfen habe. Dieser Dienst zugunsten des Wahlsieges von Donald Trump diente dem gleichen Zweck wie die Wahlkampfspende von einer Million USD aus der Schatulle des Palantir-Mitgründers Peter Thiel. Dieses „Invest" hat sich rentiert, denn der seinerzeitige US-Präsident Trump bevorzugte Palantir zum Nachteil von Microsoft und Google bei einem Milliardenauftrag des US-Militärs. Es ging um künstliche Intelligenz für Drohnen.

Der Umfang der weltweiten Datensammlung und -analyse alarmierte mehrere amerikanische Nichtregierungsorganisationen. Gerügt wurden Datenschutz, Gerechtigkeit und Wahrung der Bürgerrechte. Palantir-Software ist in den USA maßgeblich an den Abschiebungen von Immigranten beteiligt. Selbst Palantir-Mitarbeiter haben ihren Unwillen darüber ausgedrückt, allerdings ohne Wirkung auf die Unternehmensspitze. Durch ein Datenleck wurde bekannt, dass sich Palantir 2011 anbot, eine „proaktive" Kampagne aus „Desinformation" und „Cyberangriffen" gegen WikiLeaks und den Investigativpublizisten Glenn Greenwald zu starten. Selbst einer der reichsten Männer der Welt, Georges Soros, zeigte kein Verständnis für die Geschäftspraktiken der Herren Karp und Thiel. Er ließ Anteile von 175 Millionen USD aus Palantir abziehen.

Auch die Bürgerrechtsorganisation American Civil Liberties Union warnt vor Palantir Produkten und -Dienstleistungen. Europäische Auftraggeber beklagten diverse Probleme mit der Software, vor allem den schwachen Datenschutz. Einige Kunden, so die NSA und einige US- Polizeibehörden, sind wegen Schwierigkeiten mit der Software wieder abgesprungen.

Europäische Datenrechtler artikulierten ihre Sorge, dass Palantir zum U-Boot für US-Nachrichtendienste werden könnte, denn das Unternehmen ist den amerikanischen Spionagegesetzen unterworfen. Dieser Personenkreis ist auch der Meinung, dass mit Palantir die Idee einer digitalen Souveränität Europas untergraben werde. Eine solche Gefahr bestehe, da die verschwiegene Firma zu den Initiativpartnern des Projekts Gaia-X (siehe Kap. 9.0), mit dem Europas Internet unabhängiger gemacht werden soll. Gehört. Für den SPIEGEL ist es erstaunlich, wie unbefangen europäische Regierungen und Unternehmen mit dem US-Datensammler Geschäfte machen.[67]

Das Phantom Palantir musste wegen seines geplanten Börsenganges im August 2020 die Vorhänge ein wenig lüften. Amtlich vorgeschriebene Börsenprospekte passen nicht zur Verschwiegenheit des Unternehmens. Einen tieferen Einblick in das Geschäftsmodell wird es wohl nicht geben. Vom Wall Street Journal wird der Unternehmenswert mittlerweile auf 41 Milliarden USD geschätzt. Man kann annehmen, dass die Zunahme von staatlichen Überwachungsaktivitäten im Voraus bewertet wurde. Im SPIEGEL ist nachzulesen, dass sogar Desinformationskampagnen und Cyberangriffe zum Angebotsspektrum des Unternehmens gehören. Das Digitalisierungsdefizit europäischer Behörden beflügelt das Geschäft.[68]

Der Aktienkurs wird durch Spekulationen und Informationen der Finanzpresse beflügelt. Im Februar 2021 sinnierten einige Postillen über einen Deal mit Facebook. Palantir benötigte die Software, die Facebook für die Verarbeitung seines Datenberges einsetzt. Palantirs CEO, Peter Thiel, gehört zu den Gründern von Facebook und sitzt dort im Aufsichtsrat. Eine weitere Kooperation, diesmal mit IBM, beflügelte die Kursfantasien.

8.8 Die Schufa auf dem Wege zur Banken-Stasi

Im November 2020 wurde bekannt, dass sich die „Schutzgemeinschaft für allgemeine Kreditsicherung" (Schufa) um Informationen zur Lebensführung von Menschen bemüht. Das will sie durch Einblick in die Kontoauszüge von Bankkunden erreichen. Mit 65 Kategorien, darunter Miete, staatliche Leistungen, Unterhaltszahlungen, Arzt- und Restaurantbesuche, ermittelt sie im Auftrage von Unternehmen oder Banken die Bonität derer Kunden. Wurden Zahlungen an Inkassoinstitute oder Rücklastschriften identifiziert, handelt es sich um einen „Risikokunden".

Risikokunde ist ebenfalls derjenige, der mehrfach umgezogen ist, zumeist junge Leute. Wer drei Girokonten eingerichtet hat gilt ebenfalls als Risikofall. Manche Menschen mit einwandfreier Bonität wissen bis heute nicht warum sie von der Schufa mit „zufriedenstellendem bis erhöhtem Risiko" eingestuft wurden. Wie es zu dieser Bewertung kommt ist das Geschäftsgeheimnis der Schufa beziehungsweise eines Algorithmus in einer Blackbox. Der Algorithmus errechnet auf Grundlage der gespeicherten Daten einen Wert zwischen 0 und 10.000 Punkten. Der Wert hängt u.a. von der Branche des Nachfragers ab. Die Schufa zieht harte Grenzen und nennt keine statistischen Bandbreiten und mögliche Fehlerquoten. Wer eine Wohnung sucht, für den kann das das den Ausschluss bedeuten, zumal bei einem Viertel der erfassten Personen maximal drei Informationen gespeichert sind. Wieso sich die Schufa dennoch einen genauen Score zutraut ist das Geheimnis der Blackbox.

Die Schufa hat Zugriff auf mehr als 67 Millionen deutsche Bankkonten. Bei dieser Auskunftei handelt es sich um keine staatliche Stelle, wie manche Menschen fälschlicherweise meinen. Sie ist ein rein privatwirtschaftliches Unternehmen. Banken bekommen hier Auskünfte über fast jeden Erwachsenden in Deutschland, soweit passende Daten verfügbar sind. Bei Handyverträgen, Bankkrediten, Online-Einkäufen und Urlaubsbuchungen werden Schufa-Auskünfte eingeholt. Ohne diese ist eine Teilhabe am gesellschaftlichen Leben kaum noch vorstellbar. Selbst Menschen, die unverschuldet zum Risiko erklärt werden landen in der Schuldnerdatei. Wohnungssuchende, die in der Auskunftsdatei für Vermieter mit einem Negativeintrag rechnen, sollten sich gar nicht erst auf die Suche begeben.

Mobilfunkanbieter Telefónica ist mit von der Partie. Das steigert den Wert der Schufa-Daten, die nunmehr mit Kontoauszügen und wahrscheinlich mit Mobilfunkdaten kombiniert und optimiert werden. Teilnehmern eines Sparkassentreffs, die hierzu ihre „Bauchschmerzen" kommunizierten, wurden von einer Schufa-Vertriebsleiterin beruhigt: *„Datenschutzhürden" könne man überwinden, indem man Kunden die Ängste nehme. „Ihr Verbraucher wird sich da durchklicken, weil die Leute sind faul und bequem. Die haben keinen Bock auf sowas, und die wollen einfach den Service haben. Und sie klicken das durch."*[69]

8.9 Google ist bei Dir, jederzeit und überall.

„Mein Heim ist geheim", las ich unlängst über der Tür eines Bauernhauses in der Lausitz. Das Haus war 1895 errichtet worden. Diese Portalüberschrift hatte vor einhundert Jahren ihre Gültigkeit, aber mittlerweile ist der Überwachungskapitalismus in unserem Normalleben überall dabei, selbst im Wohn- und im Schlafzimmer. Dicke Wände sind für ihn dank Netzanbindung gläsern. Es fällt schwer, sich zu verstecken. Wer es dennoch versucht, läuft Gefahr, vom weltlichen Geschehen abgekoppelt zu werden und unerreichbar zu sein. Das Netz bietet immer weniger Fluchttüren. Das Heim ist nicht mehr geheim.

Man kann sich des Gefühls nicht erwahren, dass die Menschen gegenüber den Folgen dieser Entwicklung blind sind. Sie obliegen den Verlockungen der Social Media. Sie blicken auf ein Fensterglas, das von innen her matt, aber von außen her klar ist. Die Zuschauer auf der anderen Seite bedienen sich reichlich der Gelegenheit von außen her unser privates Reich auszuforschen. Das Heim ist nicht mehr geheim. Social Media ist unser Untermieter.

Selbst beim Fernsehen, ist man vor nicht sicher. Mit den Werbeeinblendungen werden für den Menschen nicht hörbare Signale ausgesendet, die der Werbewirtschaft Aufschluss darüber geben, wie lange er die Werbung anschaute. Von Edward Snowden weiß die Welt seit 2013, das der britische Geheimdienst GCHO das internationale Glasfaserkabel in Cornwall anzapft, über das etwa ein Viertel des globalen Internetverkehrs läuft. So ist der Geheimdienst darüber informiert welche Webseiten jemand besucht und welche Dienste er nutzt. Etwa 100 Milliarden Metadaten (letzte bekannte Zahl aus 2015) werden Tag für Tag abgegriffen. Metadaten, das sind strukturierte Daten, die dazu dienen, Objekte oder Konzepte, aber auch Daten strukturiert zu beschreiben. Sie sind maschinell lesbar und auswertbar. Die Rohdaten aus den angezapften Daten landen in einer Datenbank namens „Black Hole". Diese ist mit elf Billionen (B-i-l-l-i-o-n-e-n) Aufzeichnungen bestens gefüllt (letzte bekannte Zahl aus 9/2015). Der britische Geheimdienst – und damit wahrscheinlich auch der amerikanische – weiß so, *„wer genau auf welche Internetseiten zugreift, es entstehen*

Nutzerprofile von jedem beliebigen Internetnutzer, der seine IP-Adresse nicht verschleiert."[70]

Es gibt immer wieder Versuche den Datensammelmaschinen zu entkommen. Wir verstecken uns in unserem eigenen Leben. Manche Zeitgenossen verwenden ihren Verstand darauf, sich unsichtbar zu machen. Da gibt es Handyhüllen, die sämtliche Signale unterdrücken, Anti-Gesichtserkennungsbrillen, Kleidung und Mützen, die Funkwellen und Trackingsensoren blockieren und Handyprothesen mit falschen Fingerabdrücken, die die Identifikation mittels Fingerabdrücke verhindern sollen. Ein besonderes Make-up soll Erkennungs- und Überwachungssoftware verwirren. Auch die teure Mode von „Stealth Wear" trickst Drohnen und Gesichtserkennungssoftware aus, indem ihr silberbeschichtetes Gewebe Wärmestrahlungen reflektiert. Für gutes Geld entgeht der in seiner Würde unantastbare Mitbürger (Artikel 1 Grundgesetz) thermografischer Beobachtung.

Niemand fühlt sich gern beobachtet. Niemand sitzt gern im Glashaus. Aber eine Datenschutzmaske zu tragen, ist ebenso unangenehm. Wir laufen Gefahr, uns daran zu gewöhnen und aus dem Versteckspiel eine Gewohnheit zu machen. Man darf sich aber keiner Illusion hingeben. Der Überwachungskapitalismuswird auch die dicksten Mauern durchdringen, um alles über uns zu erfahren, was sich auf den Datenmärkten dieser Welt versilbern lässt.

Paybackkarten, eine Erfindung der METRO AG, komplettieren die Kartensammlung in den Portemonnaies deutscher Konsumenten. Mit dieser Karte bekommen Kunden einen Mikrorabatt und geben dafür, ohne sich dessen bewusst zu sein, persönliche Informationen preis. Kauft jemand noch am 25. des Monats für 250 Euro ein, scheint er zu den Besserverdienenden zu gehören. Erledigt ein Kunde stets nach 18 Uhr oder samstags seine Einkäufe, ist das ein Hinweis auf Berufstätigkeit. Befindet sich wiederholt teurer Rotwein, Schweizer Käse, Champagner, Gänseleberpastete oder Thunfischsteak im Warenkorb, sind das Indikatoren für einen gehobenen Lebensstil. Mit Paybackkarten lässt sich die Markentreue und die Wechselbereitschaft feststellen. Meidet der Kunde Fleisch, könnte er Veganer sein. Zusammen mit den freiwillig gemachten Antragsdaten zur Karte lassen sich so umfassende Kundenprofile erstellen.

Konsumentenprofile sind das eine, Persönlichkeitsprofile das andere. Ob ein Mensch konservativ oder fortschrittlich ist, eine extreme oder gemäßigte politische Position vertritt, lässt sich genauso gut ermitteln wie ausgesuchte Eigenschaften, etwa ob er gewissenhaft oder schlampig arbeitet, seinen Alltag schlecht bewältigt oder gut organisiert ist. Schon einige Dutzend aufgerufener Internetseiten ermöglichen ein Persönlichkeitsprofil.

8.10 Das Smartphone: Der Spitzel in der Hosentasche

Die Digitaltechnik schreitet schnell voran. Zugleich erhöhen sich damit die Überwachsungsmöglichkeiten. Videokameras mit Gesichtserkennungssoftware sollen auch in Deutschland flächendeckend installiert werden. Am Berliner Südbahnhof lief ein Testprojekt. Trefferrate: 80 Prozent. Um diese zu steigern, sollen, so die politische Planung, zwei unterschiedliche Systeme auf „ausgewählten Berliner Bahnhöfen als Unterstützungsinstrument der polizeilichen Fahndung" installiert werden. Deutschlands oberste Datenschützerin, Andrea Voßhoff, erkannte hierin „*einen erheblichen Grundrechtseingriff*".[71]

Personenbezogene Daten können mit Hilfe KI-basierter Datenverarbeitung sekundenschnell zu einem funktionsbezogenen Persönlichkeitsbild zusammengetragen werden, sagte der bayerische Datenschutzbeauftragte Thomas Petri.[72] Unser Smartphone hilft dabei. Es ist, genau genommen, ein Bewegungsmelder, mit dem man auch telefonieren kann. Zugleich ist es der von uns akzeptierte Detektiv. Mit ihm sind wir an den Weltcomputer angekoppelt, sind überwachbar und ansprechbar. Das alles verdanken wir dem Apple iPhone, dem Vorkämpfer einer neuen Art der Telefonie.

Ein Smartphone liefert unaufgefordert Bewegungsprofile, die Rückschlüsse auf unsere Persönlichkeit zulassen. So ist feststellbar, dass sich jemand häufig nach 22 Uhr im Hamburger Rotlichtviertel St. Pauli aufhält. Es kann zwar sein, dass diese Person bei der Heilsarmee singt, aber dieser Stadtteil hat so sein Geschmäckle. Jetzt kommt es auf die Kreditkarte an. Wo auf St. Pauli wurde Geld ausgegeben? Bewegungsprofile und der auf dem Smartphone geführte Kalender helfen, den Handybesitzer zu deanonymisieren. Werfen wir auch diese

Daten in den großen Datenbottich, würzen alles mit Schufa-Daten, beweisen unsere Beliebtheit mittels Facebook, finden noch diesen oder jenen Hinweis in den Zeitungsarchiven des Internets, dann erhellt sich unsere Persönlichkeit für Datenrechercheure.

Jetzt wird klar, warum der langjährige Google-Chef Eric Schmidt diesen Ausspruch tätigte: *„Wir wissen, wo du bist. Wir wissen, wo du warst. Wir wissen mehr oder weniger, worüber du nachdenkst."*[73] Ich vermute, das Profiling mittels KI ist nicht minder ergiebig als das eines Psychologen. Das gilt besonders dann, wenn es Facebook eines Tages gelingt, Gedanken zu digitalisieren. Mark Zuckerberg spricht unumwunden von „Gedankenübertragung", an der der Konzern arbeitet.

8.11 Wertige Datenkrümel

Zu den Hohepriestern der US-Digitalszene gehört Alex Pentland (*1951), ein vom Massachusetts Institute of Technology, ein gefragter Berater vieler US- Großkonzerne bis hin zum UNO-Generalsekretär. Er erkannte schon nach der Jahrtausendwende die Überwachungsmöglichkeiten, die sich aus der weltweiten Infrastruktur des Mobiltelefons ergaben. Daten aus Mobiltelefonen sollten genutzt werden, um Regelmäßigkeiten und Strukturen im Verhalten von Menschen und Organisationen zu erkennen und zu steuern.

„Reality-Mining nannte sich fortan das Konzept, das Überwachung und Voraussage ermöglichte. In seinen Vorträgen und Publikationen pries er „die prädikative Macht digitaler Brotkrümel": *„Während wir unserem Alltagsleben nachgehen, hinter-lassen wir virtuelle Brotkrümel, digitale Aufzeichnungen über die Leute, die wir anrufen, wo wir hingehen, was wir essen und die Produkte, die wir kaufen. Diese Brotkrümel erzählen unser Leben präziser als alles, was wir selbst über uns preisgeben. Digitale Brotkrümel...zeichnen unser Verhalten so auf, wie es tatsächlich passiert ist."*[74] Der Begriff Brotkrümel meint das, was an anderer Stelle dieses Buches als digitaler Beifang tituliert wird.

Pentland erkannte, dass die Brotkrümel ebenso werthaltig sind wie Gülle oder Sägespäne. Ihr Wert besteht in den darin enthaltenen Informationen. So lassen sich mit Spracherkennungs-technologien *„Profile* *von Individuen auf der Basis des von ihnen benutzten Wortschatzes*"[75] generieren. Eine solche Spracherkennungstechnologie könne man in Unternehmen mit unauffällig angebrachten oder tragbaren Sensoren verknüpfen, so dass Arbeitsgruppen, je nach psychologischen Profilen, zum Zwecke des harmonischen Miteinanders und der Produktivität zusammengestellt werden könnten. 2013 war sein „Soziometer" auf dem Markt. Dieses pausenlos aktive Produkt misst 40 Verhaltensweisen, die in einem „Business Metric Dashboard" abrufbar sind. Sein 2015 eigens gegründetes Unternehmen „Humanyze" übernahm den Vertrieb. Die Kundenliste ist geheim. Im Jahr 2008 adelte die renommierte „MIT Technology Review" die Reality-Mining zugrunde liegende Technologie als eine der *„10 Technologien, die unsere Lebensweise am wahrscheinlichsten verändern."*[76]

Pentland beherzigte IBMs Kampfruf „think big". Ihm ging es darum, nach dem Industriezeitalter nunmehr digitale Systeme zu implementieren, die statt nur Menschen ganze Gesellschaften steuern. *„Wir müssen ein Nervensystem für die Menschheit schaffen, das weltweit für die Stabilität aller gesellschaftlichen Systeme zu sorgen vermag."*[77] Ihm schwebte eine rechnergestützte Gesellschaft vor. Er betonte, dass heute die Möglichkeit bestehe, Daten über den Menschen in einer Breite und Tiefe zu sammeln, die zuvor unvorstellbar war. Der Pekingkommunismus zeigt, wie das geht.

Es bedarf keiner großen Phantasie, sich vorzustellen, dass sich Nachrichtendienste in Ost und West der „People Analytics" von Pentland&Co bedienen. Man erfährt nicht nur Sachverhalte, sondern kann aus den psychologischen Brotkrümeln einen ganzen Brotlaib backen. So boten die abgehörten Telefonate der deutschen Bundeskanzlerin die Möglichkeit, ein Psychogramm mit Handlungsempfehlungen für ihre amerikanischen Verhandlungspartner zu erstellen. Mit allergrößter Wahrscheinlichkeit werden auch Amazons Kunden mittels Reality-Mining psychologisch klassifiziert. Das ermöglicht eine noch präzisere Präsentation von Kaufvorschlägen und Steigerung des individuellen Umsatzvolumens.

8.12 Das Telefon am Arbeitsplatz: Chef hört mit

Wer kennt das nicht? Man ruft bei einem Unternehmen an und bekommt gesagt: *„Zu Trainingszwecken und um unseren Service zu verbessern, werden wir das Gespräch mit Ihnen aufzeichn*en." Diese Ansage ist Teil einer großen Kontrollmaschinerie, und noch das harmloseste. Ergiebiger sind Systeme, mit denen die Telefonstimme eines Mitarbeiters hinsichtlich Stress und Depression analysiert wird. Auch das Kommunikationsverhalten am Telefon, zuhören, fragen, einfühlen und Dominanzgebaren, sind Teil der automatisierten Analyse.

Am Schreibtisch registrieren elektronische Geräte die Anzahl von Tippfehlern oder die Produktionsdauer von Texten. „Tattleware" nennt sich die Software, mit der auch das Homework überwacht wird. Sie registriert alles, was auf dem Computer passiert.

Mit dem Add-on „Workplace Analytics", einer Erweiterung von Office 365, können Unternehmen ihren Mitarbeitern auf die Finger schauen. Diese Programmerweiterung registriert das Verhalten und die Arbeitsweise von Mitarbeitern. Das Werkzeug liefert Daten zum Zeitaufwand für das Schreiben von Schriftstücken oder die Dauer von Besprechungen. Man will damit Führungskräften einen Hebel zur Effizienzsteigerung an die Hand geben. So könnten Verhaltensanalysen erfolgreicher Verkäufer als nachahmenswerte Beispiele präsentiert werden. „Datengestützte Entscheidungen" fließen in die Mitarbeiterbeurteilung und eventuell in das Gehaltssystem ein.

Microsoft ist sehr innovativ, wenn es darum geht, Mitarbeiter psychologisch auszuleuchten. Workplace Analytics wurde im 2020 durch das „Meeting Inside Computing System" ergänzt. Mit Gesichts- und Körpersprache-Sensoren werden hier Mitarbeiter auf ihr Konferenzverhalten hin kontrolliert. Im entsprechenden Patentantrag ist von „Qualitätssicherung" die Rede. Smartphones ließen sich problemlos mit diesem System verknüpfen. So könnte man feststellen, ob jemand nebenher etwas anderes macht. Auch könnte man die Sprache daraufhin auswerten, ob jemand müde oder aktiv agiert. Der gläserne Mitarbeiter ist Teil des gläsernen Menschen.

Präsenzpflicht im Büro war gestern, Ergebnispflicht ist heute. Der Arbeitsrechtler Peter Wedde schreibt: „In den nächsten zehn Jahren werden die Arbeitgeber die Möglichkeiten des Data Minings massiv ausschöpfen, um noch mehr über ihre Mitarbeiter herauszufinden."[78]

Das schrieb er 2014. Inzwischen ist es so, dass jedes fünfte Unternehmen KI-Systeme einsetzt, um seine Homearbeiter zu überwachen. Corona diente als willkommene Entschuldigung. Arbeitgeber erfahren, welche Webseiten aufgesucht oder welche Wörter auf der Tastatur eingegeben wurden. Es ist nicht anzunehmen, dass diese Überwachungspraxis mit dem Ende der Pandemie aufgegeben wird.

Das Unternehmen Live Eye bietet gute Überwachungssysteme, mit denen Baustellen oder Büros „geschützt" werden. Diese Systeme eignen sich aber ebenso gut für die Überwachung von Belegschaften. Die Live-Aufnahmen werden zwecks Analyse des Verhaltens an indische Subunternehmen weitergeleitet. Auf der Kundenliste stehen Namen wie Shell, 7-Eleven und die Hotelkette Holida-Inn. Mitarbeiter, die untätig rumstehen, müssen mit Sanktionen rechnen. Bei Bedarf kann der Vorgesetzte den Tonkanal des Systems nutzen und den Mitarbeiter in Echtzeit reglementieren.

In China hat ein Tochterunternehmen von CANON einen Lächelsensor in seinen Büros installieren lassen. Per Gesichtserkennung gibt der Mitarbeiter Auskunft über seine Lust oder Unlust oder seine Art der Kommunikation mit dem Kunden. Die Software ist so eingestellt, dass einem schlecht gelaunten Mitarbeiter der morgendliche Zutritt ins Büro verweigert wird.

„Vertrauen ist gut, Kontrolle ist besser," schrieb Lenin. Soft facts (Menschen) statt hard facts (Systeme) lautete das Motto schlanker Produktion, das jetzt widerrufen wird. Im industriellen Frühkapitalismus wurde der Mensch an die Maschine angepasst. In den 1960/1970er Jahren erfolgte ein Umdenken in die entgegengesetzte Richtung. Jetzt geht es wieder rückwärts. Vorreiter ist Amazon. Mit Chips, Sensoren und Funkverbindungen wird jeder Schritt des Personals und die Dauer der Toilettennutzung überwacht. Zu diesem Zweck sind alle Mitarbeiter mit kleinen Navigationscomputern ausgestattet, die Bewegungsabläufe vorgeben. Abweichungen werden aufgezeichnet und bestraft.

8.13 Warenkorb und Smartphone als Informationsquelle

Eine minderjährige Schülerin erhielt per E-Mail Schwangerschaftsgutscheine der amerikanischen Ladenkette „Target". Damit hätte der Teenager verbilligt Kinderbetten und -kleidung einkaufen können. Die überraschten Eltern gingen der Sache nach, denn sie ahnten nichts von einer Schwangerschaft ihrer Tochter. Target wusste es schon, bevor die Eltern oder Freunde davon erfuhren. Ein besonderer Algorithmus hatte es verraten. Aus dem Datenbestand wusste man, dass Schwangere ab dem dritten Monat viel unparfümierte Körpermilch und in den ersten 20 Schwangerschaftswochen vermehrt Nahrungsergänzungsmittel wie Kalzium, Magnesium und Zink kaufen. Kommen noch größere Mengen Seife, Watte, Waschlappen und Desinfektionsmittel hinzu, dann schlussfolgert der Algorithmus, dass eine Geburt bevorsteht. Wer die Mutter ist, ergab sich aus der Verknüpfung von Kredit- oder Kundenkarte mit der Kassenquittung. Dumm nur, dass der Teenager zwar einige schwangerschaftsrelevante Artikel kaufte, aber nicht wirklich schwanger war.

Ähnlich wie bei der vermuteten Schwangeren könnten REWE oder ALDI ein ungefähres Persönlichkeitsprofil aus unseren Einkäufen generieren. Aus den Kassenzetteln geht hervor, dass jemand kaum Fleisch isst, pro Monat fünf Flaschen Rotwein kauft, Vollkornbrot bevorzugt und dieses mit Käse belegt, sich vom Aufdruck Bio leiten lässt, den SPIEGEL liest, kaum Süßigkeiten lutscht, viel Obst und Gemüse verzehrt und am 30. des Monats noch genug Geld hat, um für über 150 Euro einzukaufen. Nicht nur ein Profiler hätte genügend Anhaltspunkte für eine ungefähre Persönlichkeitsbeschreibung. Die konkrete Person ergibt sich aus der Verknüpfung von Kassenzettel und Kundenkarte. KI erledigt blitzschnell die Identifizierung. Würde man diese Informationen mit weiteren Datenquellen des Internets in einen großen KI-Topf werfen, beispielsweise IBMs Superrechner Watson, und das Ganze „umrühren", wäre das Bild komplett. Was in Deutschland gesetzlich (noch) nicht möglich ist, wurde in Englands Supermarktkette Tesco bereits getestet.

Im britischen Königreich weiß man um die Vorzüge von Smartphones, um dem Handel Verkaufsunterstützung zu bieten. Ein Smartphone,

in dem das WLAN aktiviert ist, sendet seine sogenannte MAC-Adresse
aus. Das machte man sich während der Olympiade 2012 zunutze. In London wurden spezielle Mülleimer aufgestellt, mit denen man die WLAN-Adresse und die Verweildauer von Handybesitzern vor bestimmten Einzelhandels-geschäften erfasste. Für den Handel waren das Gratisinformationen über die Wirksamkeit ihrer Schaufensterauslagen. Die Namen der „Sehleute" lieferte des KI-System im Hintergrund dazu. Das Projekt musste wegen öffentlicher Proteste abgebrochen werden.

Diese Technik wird mittlerweile auch indoor eingesetzt, so dass ein Kaufhausbetreiber erfährt, wer im Hause war, welchen Weg er zurücklegte, welche Produkte ihn besonders interessierten, wie lange er im Geschäft blieb, was er kaufte und wie oft er schon dort war. Es ist gut, über seine Kunden Bescheid zu wissen, ohne dass diese es bemerken. Das ermöglicht personalisierte Werbung, eventuell direkt aufs Smartphone. Ob Smartphones auch zur Identifizierung von Demonstrationsteilnehmern genutzt werden, ist unbekannt, aber in Kiew kreisten 2014 während der Maidan-Demonstrationen Drohnen über den Köpfen der Demonstranten, mit denen die Kennungen von Handys erfasst wurden.

Als ich unlängst eine Fahrkarte von Hamburg nach München kaufte, bewegte ich mich für längere Zeit auf der Webseite der Deutschen Bahn. Das System stellte fest, dass ich ein Ticket benötigte. Nachdem ich mich das dritte Mal in die Webseite der Bahn eingeloggt hatte, war die Fahrkarte um einiges teurer. Wahrscheinlich wurde in der Zwischenzeit meine Preisempfindlichkeit mittels KI geprüft. Für diese Möglichkeit einer KI-basierten dynamischen Preisgestaltung erhielt Google schon 2012 ein Patent.

KI ermöglicht eine zielgruppengenaue Werbung bei ausgesuchten Personen, nicht nur bei werdenden Müttern. Amazon weiß aufgrund meiner Einkäufe, welche Bücher mich interessieren und bombardiert mich mit Offerten. Dank KI wird das automatisiert abgewickelt. Alle Besucher von Online-Plattformen müssen diese Art von Belästigung heutzutage ertragen. Mehr noch: Überall existieren Persönlichkeitsprofile mit umfangreichen Einzelangaben, vor allem zur Einkommenssituation und Milieuzugehörigkeit, zum Konsumverhalten und Schulabschluss, zur ethnischen Herkunft und Internetnutzung. Bis maximal 1500 Einzelangaben sind gespeichert und gegen das nötige Kleingeld bei Adresshändlern und Werbeagenturen abrufbar.

8.14 Vorsicht vor Persönlichkeitstests

Unternehmen wollen wissen, was das für Menschen sind, die sich bei ihnen um einen Arbeitsplatz bewerben. Die Erstsortierung erfolgt automatisch per Computer, denn man erwartet eine Online-Bewerbung. Zur Zweitsortierung, ebenfalls online, zählt oft ein Persönlichkeitstest, den sich kein Bewerber abzulehnen traut, wenn er den ausgeschriebenen Job bekommen möchte. Was die Bewerber aber nicht wissen: Viele dieser Test sind amerikanischen Ursprungs. Unternehmen erwerben sie über einen deutschen Lizenznehmer, zumeist Personalberater.

Damit der amerikanische Testinhaber seiner Lizenzgebühren sicher sein kann, erfolgt die Auswertung mit einem sekundenschnellen Umweg über den Atlantik. Das Testergebnis, also das komplette Auswertungsprofil, landet in der Datenbank des US-Lizenzinhabers. So weit, so gut. Interessant wird dieser Sachverhalt dadurch, dass solche Datenbanken den Bestimmungen des Patriot Act unterliegen. Hierbei handelt es sich um das Anti-Terror-Gesetz der USA. Dieses Gesetz ermächtigt Behörden und Geheimdienste zur Einsichtnahme in sie interessierende Vorgänge. Damit haben CIA, NSA&Co. Einblick in die Persönlichkeitsprofile Hunderttausender deutscher Arbeitnehmer, vor allem jener, die solchen Tests unterzogen wurden. Wie man weiß, gehört Wirtschaftsspionage zum Tätigkeitsbereich von Geheimdiensten. Für die Amerikaner gut zu wissen, wer vom Persönlichkeitsprofil her als Wirtschaftsspion in Frage käme.

Deutsche Anbieter dieser Testverfahren erklären vollmundig, die Daten der Probanden würden anonymisiert. Das zeigt, wie wenig sie von künstlicher Intelligenz verstehen und wie sehr sie ihre Lizenzerteiler in den USA unterschätzen.

Ergänzend zum üblichen Einstellungsprocedere bietet sich ein 20-minütiges Computerspiel an, eine Art digitales Assessment Center. Der Bewerber muss eine Reihe von Entscheidungen treffen, Probleme erkennen, Prioritäten setzen und Personen einschätzen. Anschließend entscheiden Algorithmen, ob der Kandidat passt oder nicht. Erweist er sich später als „Niete", kann sich der Recruiter auf das Urteil des Computers berufen. Google ist bei „People Analytics" Vorreiter und Vorbild. *„Alle Entscheidungen, die das Personal betreffen, basieren auf Datenanalysen."*[79] Das gilt auch für einen KI-Algorithmus, der voraussagt, welche Mitarbeiter kündigungswillig sind.

In Amerika bieten mehr als 4000 Personaldienstleister ihre Dienste als Datenrechercheure an. Der größte unter ihnen beschäftigt weltweit 1600 Mitarbeiter. In seinen Datenbanken sind u.a. fünf Millionen Ladendiebe, Schuldner, Drogenkonsumenten und Alkoholiker, Vorbestrafte, Sexualstraftäter, Führerscheininhaber, Hochschulabsolventen, Berufskraftfahrer und viele andere gespeichert. 87 Prozent der Unternehmen lassen ihre Bewerber auf deren weiße Weste hin überprüfen. 67 Prozent nutzen Social Media für die gezielte Bewerberansprache. Auch deutsche Personalberater verbringen einen Großteil ihrer Zeit mit Klicks bei LinkedIn und XING. Die Bedeutung dieser Netzwerke wird in den nächsten Jahren steigen. Unternehmen wollen wissen, was das für Menschen sind, die sich bei ihnen um einen Arbeitsplatz bewerben. Die Erstsortierung erfolgt automatisch per Computer, denn man erwartet eine Online-Bewerbung. Zur Zweitsortierung, ebenfalls online, zählt oft ein Persönlichkeitstest. Was die Bewerber aber nicht wissen: Viele dieser Tests sind amerikanischen Ursprungs. Unternehmen erwerben sie über einen deutschen Lizenznehmer, zumeist Personalberater. Nichtamerikanische Bewerber landen so persönlichkeitspsychologisch klassifiziert in den Datenbanken der US-Nachrichtendienste.

8.15 Beweisen Brille oder Frisur die Intelligenz?

Es war zu erwarten, dass die Anbieter von Persönlichkeitstests künstliche Intelligenz für ihre Zwecke nutzbar machen. Mit dem Einzug der KI in das Personalwesen wollte man auch die Personalauswahl auf ein absolut sicheres Fundament stellen. Das Buzzword Künstliche Intelligenz suggeriert Objektivität, Fairness, Passgenauigkeit, Schnelligkeit und das alles bei minimalen Kosten, so die Erwartung und die Werbeversprechen. Kapitalgeber öffnen ihre Ohren, wenn sie diesen Begriff hören. Dem deutschen Testanbieter Retorio fiel es leicht,

Investoren zu überzeugen und einen siebenstelligen Betrag einzusammeln. Für etablierte Testanbieter wird es notwendig, künstliche Intelligenz als Ingredienz ihrem Produkt beizumischen, um nicht von Google Hire, SAP-Recruiting und IBM-Amazon abgehängt zu werden. Unternehmen oder Bewerber sollten gesichtsbasierte Persönlichkeitstests, die als Produkt künstlicher Intelligenz deklariert werden, mit Skepsis begegnen. Die vorliegenden Befunde bieten dafür reichlich Anlass.

Das Start-up-Unternehmen Retorio mit Sitz in München verspricht, seine Software könne laut Homepage, ausgehend von einem kurzen Videointerview, *"Verhaltensweisen erkennen und darauf aufbauend ein Persönlichkeitsprofil erstellen"*. Mimik, Gestik und Sprache durchlaufen hier eine psychologische Sortiermaschine. Das Ergebnis ist ein Persönlichkeitsprofil mit einer angeblichen Genauigkeit von 90 Prozent im Vergleich zur Bewertung durch Menschen. In Windeseile können so Hunderte Bewerber einem Psychocheck unterzogen werden, um einige wenige Kandidaten auszufiltern, denen die Ehre eines vertiefenden Bewerbergesprächs zuteil wird. Ein Unternehmen erhält so Gewissheit, ob ein Bewerber auf die offene Stelle passt. Als testpsychologische Grundlage dient das sogenannte Big-Five-Modell, das vielen Persönlichkeitstests als eine Art Urmeter dient. Demnach sind diese fünf Grunddimensionen für die Persönlichkeit prägend: Offenheit, Gewissenhaftigkeit, Extraversion, Verträglichkeit und Neurotizismus (siehe Abbildung).

Vielleicht war das neuartige Angebot eines von künstlicher Intelligenz getriebenen Persönlichkeitstest einer der Gründe, warum Reporter des Bayerischen Rundfunks (BR) das Produkt 2020 einem Praxistest unterzogen. Das BR-Team zeichnete mit zehn Darstellern mehrere Hundert Bewerbungsgespräche auf Video auf und prüfte, wie die Software reagierte. Das erstaunliche Ergebnis:

Wechselte eine Probandin beispielsweise von Hemd oder Pulli zu einem T-Shirt, veränderte die Frisur oder setzte eine Brille auf, verschoben sich die Ergebnisse der Persönlichkeitsbewertung teilweise deutlich. Wer eine Brille trug wurde als intelligenter eingestuft als jemand, der weder kurz- noch weitsichtig ist. Trug eine Brillenträgerin ein Kopftuch gab es einen Punkteabzug bei der

Intelligenz. Andererseits wurde eine Kopftuchträgerin als gewissenhaft, offen und wenig neurotisch beurteilt.

Veränderung der Persönlichkeitsprofile bei unterschiedlichen Hintergründen.

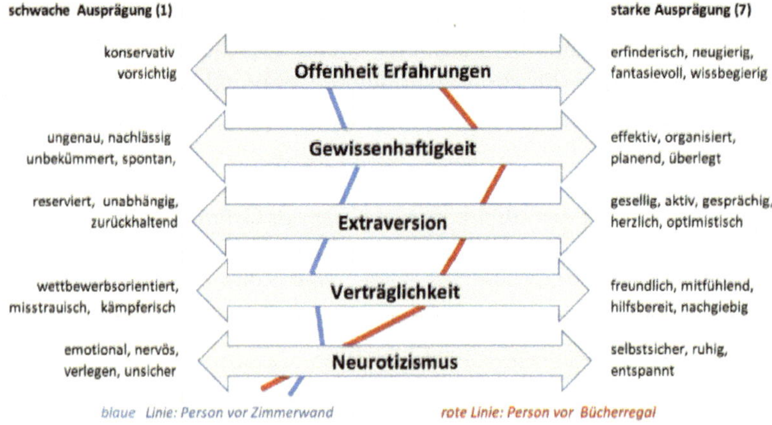

© Eigendarstellung

Änderte sich der Hintergrund bei ein- und derselben Probandin wurde diese anders beurteilt. Eine Bücherwand im Hintergrund macht aus einem bodenständigen und zurückhaltenden Bewerber eine interessante und lebhafte Persönlichkeit (siehe Foto). Bei unterschiedlichen Hintergründen verschoben sich die Persönlichkeitswerte um bis zu 15 Prozent. Selbst Helligkeits- oder Sättigungswerte beeinflussten das Ergebnis. Der gesprochene Text des Interviewers blieb stets gleich.

Diese Merkwürdigkeiten erklärt der Testanbieter damit, dass, wie bei einem normalen Bewerbungsgespräch, auch nichtpersonelle Faktoren in die Situation und Bewertung eingehen. Darum fließen auch die Außenwirkung des Bewerbers, seine Kleidung und Frisur, Accessoires und Sprachstil in die Beurteilung ein. Hier stellt sich die Frage: Geht es um die Persönlichkeit als solche oder deren äußeres Erscheinungsbild? Ist es letzteres, bieten sich Blendern und Selbstdarstellern gute Chancen. Als Ergebnis der Testreihe gab es Zweifel an der Intelligenz des mit künstlicher Intelligenz ausgestatteten Persönlichkeitstests.

Retorio ist nicht der einzige Anbieter KI-basierter Psychoanalytik. Mitbewerber agieren in vielen Ländern dieser Welt, darunter das US-amerikanische Unternehmen HireVue im Bundesstaat Utah. Die Kundenliste umfasst 700 Namen. Es gibt Zuspruch aus der Wirtschaft und Ablehnung durch KI-Experten. Diese bemängeln, dass die Ergebnisse undurchsichtig seien. HireVue seinerseits erkannte, dass die Ergebnisse aus der Bildanalyse des Gesichts nur schwache Hinweise zum Leistungsverhalten liefern. Man analysiert deshalb nur noch die Tonspur.

Digitale Gesichtsanalyse hat Konjunktur. Sie ist wegen ihrer Fehleranfälligkeit umstritten. Anbietern von Gesichtserkennungstechnologien aus den USA und China wurden Fehlschlüsse, unsaubere Daten und unklare Begriffsdefinitionen angelastet, vor allem ihre Nähe zur pseudowissenschaftlichen Physiognomik. An Europas Grenzen befragt ein virtueller Polizist zu Testzwecken Reisende nach ihren Reisegründen und analysiert währenddessen deren Gesichtsausdrücke, Blicke und Haltung. Dabei erkannte dieser Lügendetektor Lügen, die aber keine waren. Warum Menschen anhand von Gesichtserkennungsmerkmalen als Verbrecher erkannt werden sollen, wurde bisher nicht schlüssig dargelegt. Die Analyse der Gesichter von Mitgliedern des US- Kongresses ergab, dass 28 von ihnen angeblich kriminell sind. Technologisch bedingte Fehleinschätzungen können Lebenswege und Berufskarrieren zerstören.

8.16 Videoüberwachung und Gesichtserkennung

Das Wort „Videoüberwachung" hört sich harmlos an. Man stellt sich Überwachungspersonal vor, das sitzend auf Bildschirme starrt und dabei Kaffee schlürft. Aber die zu den Kameras gehörenden Systeme erkennen auch typische Verhaltensmuster von Menschen. SPIEGEL-Kolumnist Sascha Lobo sieht in den Kameras die Spitze eines umfassenden intelligenten Überwachungssystems für mehr gesellschaftliche Kontrolle, ähnlich wie in China, wo gesellschaftliches Wohlverhalten durch Video-Überwachung und Kontrolle erreicht wird. Niemand wird zu einem bestimmten Verhalten gezwungen, aber aus Angst vor den Folgen geht niemand mehr bei rotem Ampellicht über die Straße. Der Autor spricht bei der Gesichtserkennung von digitalen Nummernschildern für Fußgänger.

Gesichtserkennung ist vielfältig anwendbar. Hersteller von Kraftfahrzeugen bieten hierzu Systeme an. Autoschlüssel können nicht mehr verloren gehen, denn das Gesicht ist der Schlüssel. Das Smartphone benötigt keinen Code mehr. Auch hier reicht das Gesicht. In China wird die Kreditkarte durch Gesichtserkennung ersetzt. KI-Systeme erkennen Gesichter besser als Menschen.

Seit 2015 ist eine Erfindung der Carnegie-University Pittsburgh verfügbar, mit der die Iris einer Person aus zwölf Metern Entfernung gescannt und der betreffende Mensch identifiziert werden kann. Mit dieser Erfindung ist es möglich, den Alkoholspiegel im Blut zu messen. Schon zwei Jahre später wurde die Erfindung auf australischen Flughäfen eingesetzt.

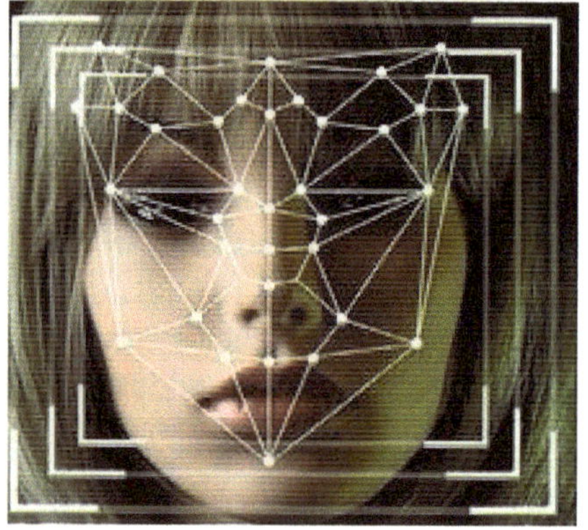

Lobo schreibt: *„In fünf Jahren ist Ihr Gesicht Ihr Personalausweis."*[80] Für bereits 4.000 Euro werden Schaufensterpuppen mit integrierter IBM-Erkennungstechnologie in den Augen und Sprachaufzeichnungssoftware in den Ohren angeboten. Damit lässt sich beobachten, ob eher jüngere oder ältere Menschen, weiblich oder männlich, die Auslagen anschauen, ob es Artikel gibt, die besonders interessieren und wie lange diese angeschaut werden.

8.17 Ins Gesicht geschriebene Kriminalität

Chinesische Forscher wollen herausgefunden haben wie man Kriminalität im Gesicht eines Menschen erkennt. Die zugrundeliegende Studie erwies sich als Trugschluss. Grundlage waren 2.000 Fotos, davon die Hälfte verurteilte Straftäter. Ihre Trefferquote wurde mit 89,5 Prozent angegeben. Dummerweise stammten die Bilder der Verurteilten aus einer anderen Datei als die 1.000 bürgerlichen Normalfälle. Die bösen Buben trugen alle T-Shirts. Diesen Unterschied erkennt ein intelligentes System sofort. Die „großen" Erfolge aus Stanford und China erwiesen sich als Misserfolge.[81]

Gesichtserkennung ist ein gewaltiger Wachstumsmarkt. Auf 100 Millionen chinesischen Smartphones ist die Software des chinesischen Spezialisten „Sensetime" installiert. Das Unternehmen verdoppelte seinen Börsenwert innerhalb weniger Monate auf drei Milliarden USD. China setzt Gesichtserkennung sogar in Schulen ein. Registriert das Erkennungssystem einen unaufmerksamen Gesichtsausdruck, ergeht Meldung an den Lehrer. Ähnlich wäre Gesichtserkennung auch an Arbeitsplätzen einsetzbar.

Nicht nur chinesische, auch amerikanische Unternehmen und Behörden setzen automatische Gesichtserkennung ein. Über die Erkennungsverlässlichkeit und die Nutzung ist fast nichts zu erfahren. Hersteller schweigen sich aus. Aber diese Beispiele sind bekannt:

* Eine Ladenkette sucht automatisch nach Personen unter ihren Kunden, die in irgendeiner Filiale des Ladendiebstahls beschuldigt wurden. Meldet das Kamerasystem eines Zweiggeschäftes einen Treffer, werden die Sicherheitskräfte alarmiert, egal ob die Person wegen Diebstahls verurteilt wurde oder nicht.

* Systemlieferanten bieten ein Cloudsystem an, über das verschiedene Filialunternehmen ihre schwarzen Listen mit Gesichtern Verdächtiger austauschen können. Manche Systeme rastern und speichern

grundsätzlich jedes Gesicht, das die Kamera erfasst. US-Bürgerrechtler fordern rechtliche Grundlagen.

Russland will bei der Gesichtserkennung nicht ins Hintertreffen geraten. Wer in Moskau mit der U-Bahn fahren will, soll seine Fahrkarte per Gesichtserkennung lösen. Darüber hinaus wurden in der Stadt 200.000 Überwachungskameras in öffentlichen Verkehrsmitteln, Straßen und großen Wohngebäuden installiert. Sie dienen der Verkehrslenkung und Verbrechensbekämpfung, aber nicht nur hierzu, wie man sich denken kann.

Die Praxis der Gesichtserkennung ist wegen ihrer Fehleranfälligkeit umstritten. Normalerweise funktioniert sie so: Ein KI-System bekommt ein Bild gezeigt oder nimmt es selbst auf und vergleicht dieses mit einem Referenzfoto. Ein Algorithmus vergleicht, ob beide übereinstimmen. Das klingt einfach, aber Mimik, Alterung, Bartwuchs, inhomogene Lichtverhältnisse oder eine Brille, die auf dem Archivfoto noch nicht getragen wurde, erschweren den Abgleich. Dem wollen Forscher der Privatuniversität Harrisburg mit einer neuen Technik begegnen, die mit einer Genauigkeit von 80 Prozent Kriminelle anhand ihrer Gesichtszüge erkennen soll. Aufgrund von Zweifeln an der Zuverlässigkeit der Technik wurde die Werbung dafür aber schnell wieder eingestellt. Auch anderen Anbietern von Gesichtserkennungstechnologien, solchen aus den USA und China, wurden Fehlschlüsse, unsaubere Daten und unklare Begriffsdefinitionen angelastet, vor allem ihre Nähe zur pseudo-wissenschaftlichen Physiognomik des italienischen Kriminologen Cesare Lombroso, die dieser in seinem Buch „L'umo delinquente" 1880 darlegte. Warum Menschen anhand von Gesichtserkennungsmerkmalen als Verbrecher erkannt werden, wurde bisher nicht schlüssig dargelegt. Überhaupt, was ist kriminell? In totalitären Staaten gelten Investigativreporter als kriminell. Was lesen Gesichtserkennungsprogramme aus den Gesichtern von Mitgliedern des US-Kongresses: 28 von ihnen sollen kriminell sein.

„PimEyes" ist der Produktname einer aus Polen kommenden Gesichtssuchmaschine. Diese analysiert Gesichter auf Fotos, durchwühlt das Internet und zeigt dem Anwender, wo überall die betreffende Person gespeichert ist, allerdings ohne Namensnennung. Die Datenbank des Anbieters umfasst 900 Millionen Daten. De facto handelt es sich um einen Angriff auf die Anonymität im öffentlichen Raum, auch wenn der Anbieter betont, dass es ihm um den Schutz der Privatsphäre gehe: „*Lade dein Foto hoch und finde heraus, wo Dein Gesicht im Internet erscheint.*"[82] Das klingt wie ein Hohn.

Das Programm berührt die Geschäftsinteressen von YouTube und Instagram, die juristischen Schritte gegen PimEyes eingeleitet haben. Es könnte auch gegen die Datenschutzgrund-verordnung verstoßen, nach der die Verarbeitung biometrischer Daten zur eindeutigen Identifizierung einer natürlichen Person verboten ist. Facebook hat diese Möglichkeit standardmäßig deaktiviert.

8.18 Sexualpräferenz digital erkennen

Zur Gesichtserkennung und Irisanalyse gesellt sich die Personenidentifizierung mittels der persönlichen Gangart. Hier werden Menschen und Tiere anhand ihres Ganges auf bis zu 50 Metern erkannt, und das genauer als bei der bisherigen Bilderkennung. Weltweit forschen 20 Teams an diesem Thema Das chinesisches Start-up Watrix ist das erste, das es vermarktet.

Der September 2017 war eine der Sternstunden der künstlichen Intelligenz. Von der Stanford Universität kam eine mit einer Studie unterlegte Meldung, wonach es gelungen sei, mit der computerisierten Gesichtserkennung die sexuelle Orientierung eines Menschen zu bestimmen. Ausgehend von nur einem Foto pro Person wurden 81 Prozent aller schwulen Männer und 74 Prozent aller lesbischen Frauen richtig zugeordnet. Wurde die Zahl vorgelegter Bilder auf fünf erhöht, steigerte sich die Zahl richtig erkannter Sexualpräferenz auf 91 Prozent bei Männern und 83 Prozent bei Frauen.

Die entsprechende Software wird vom israelischen Unternehmen Faceoption vertrieben. Das Unternehmen wirbt damit, Extrovertierte von Introvertierten unterscheiden zu können, Pädophile und potenzielle Gewalttäter zu erkennen, den Intelligenzquotienten von Menschen beziffern und politische Grundeinstellungen beschreiben zu können. Professor Michael Kosinski, Autor der Stanford-Studie, hält den Missbrauch der Software für immanent und kaum vermeidbar. Die Privatsphäre der Menschen werde weiter erodieren.[83]

Ein Jahr später mussten Michael Kosinski und die beteiligten Programmentwickler akzeptieren, dass es nicht so einfach sei, mit künstlicher Intelligenz anderen Menschen via Gesichtsausdruck in den Unterleib zu blicken. Außerdem, die verwendeten 35.000 Fotos einer Dating-Plattform samt Selbstauskunft hatten sich als methodischer Fehler erwiesen. Aus wenigen Gesichtshaaren (schwul) oder dunkler Haut (heterosexuell), mithin aus gewissen Genen, lassen sich keine Sexualpräferenzen ableiten. Wenn es dennoch geschieht, rückt man in die Nähe von Rassismus und Eugenik.

8.19 Clearview, die globale digitale Gesichterdatei

Im Januar 2020 berichtete die New York Times über ein US-Unternehmen namens Clearview, das nach eigenen Angaben drei Milliarden (!) Gesichtsfotos aus öffentlich zugänglichen Quellen abgesaugt haben will. Der Artikel auf der Titelseite war mit *„Gesichtsscan App bringt Ende der Privatsphäre näher"*[84] überschrieben. Mit Hilfe einer sogenannten Scraper Software wurden automatisch und ungefragt Fotos heruntergeladen, soweit diese nicht auf „privat" gestellt waren. Das, was die Zeitung berichtete, beruhte nicht auf Informationen aus zweiter Hand, sondern auf dem PR-Material der Firma Clearview. In der Recherche über das Unternehmen kamen mehrere Polizeiermittler zu Wort, die bestätigten, wie gut die Gesichtserkennung der Software funktioniere.

Eigentlich müssten die Bürger eines jeden demokratischen Landes darüber informiert werden, in welchen Datenbanken ihre privaten Fotos heimlich gespeichert und genutzt werden. Wie aber die beschriebenen Beispiele in diesem Kapitel zeigen, wird das Recht auf Privatsphäre in den USA immer mehr ausgehöhlt. Der deutsche Trump-Unterstützer und Mitinhaber des Phantom-Unternehmens Palantir, Peter Thiel, ist Anteilsinhaber von Clearview. Natürlich bleibt auch hier die Kundenliste, überwiegend Behörden, geheim.

Mehr und mehr US-Unternehmen öffnen ihre Überwachungssysteme für Live-Zugriffe der Polizei und melden automatisch Treffer, selbst wenn sich die (angeblich) erkannte Person rechtskonform verhält. Die Polizei ist dankbar, denn sie benötigt zu Überwachungen einen Gerichtsbeschluss.

Auch an den US-Grenzen wird die Gesichtserkennung eingesetzt, aber leider ohne eine Regelung darüber, wie hoch die Erkennungssicherheit sein muss, bevor ein gemeldeter Treffer als zuverlässig akzeptiert wird. *„Wenn wir diese Technik nicht wirklich einschränkten, laufen wir Gefahr, unsere alltägliche Freiheit zu verlieren – uns anonym fortzubewegen, ohne verfolgt und identifiziert zu werden"*[85], sagte Neema Singh Guliani, Anwalt der Bürgerrechtsorganisation American Civil Liberties Union. Inzwischen sehen amerikanische Städte und selbst der Bundesstaat Kalifornien diese Gefahr. Dort wird derzeit ein Gesetzentwurf diskutiert, der die Gesichtserkennung in Polizei-Bodycams verbieten soll. Experten stören sich daran, dass die entsprechende Software überwiegend aus Unternehmen kommt, die ihre Algorithmen und deren Herkunft als Geschäftsgeheimnis betrachten. Immer wieder kommt es vor, dass Frauen mit Männern verwechselt werden und rassistische Vorurteile in die verwendeten Daten und die Software einfließen. Die Georgetown University in Washington stellt fest: *„Aber es spielt keine Rolle, wie gut die Technik ist, wenn sie immer noch mit den falschen Zahlen versorgt wird, dann werden wahrscheinlich immer noch die falschen Antworten herauskommen."*[86]

US-Experten verweisen auf die europäischen Regelungen zur Gesichtserkennung. In der EU verbietet die Datenschutzgrundverordnung (DSGVO) in Artikel 9 Absatz 1 die Verarbeitung „biometrischer Daten zur eindeutigen Identifizierung einer natürlichen Person", nennt aber in Absatz 2 eine lange Reihe von Ausnahmen. Einige davon bedürfen der Umsetzung in nationales Recht. Wenn man sich die lasche Umsetzung in einigen EU-Staaten, beispielsweise Irland, und die defizitäre Ausstattung der Datenschutzbehörden mit Personal und Sachmitteln vergegenwärtigt, kann man sich ausmalen, wie schwach die Schutzvorschriften durchgesetzt werden.

In Deutschland ist der Ausbau der Gesichtserkennung im öffentlichen Raum geplant. Der dazu vorliegende Gesetzentwurf sieht vor, an 135 Bahnhöfen und 14 Verkehrsflughäfen Erkennungssysteme zu installieren. Hier gibt es Politiker und Juristen, die schwerwiegende Bedenken äußern, aber auch solche, die keine Probleme sehen. Malte Engeler, Richter am Verwaltungsgericht in Schleswig-Holstein, vergleicht das oben genannte Softwarehaus Clearview mit einer

Suchmaschine, die ebenso wie Google öffentliche Informationen aus-
wertet und aufbereitet. *„Der Unterschied bei Clearview ist einzig, dass
statt eines Wortabgleichs ein Bilderabgleich geschieht, und zwar anhand eines Gesichtserkennungsalgorithmus.“*[87]

Europäische Bürgerrechtler haben bei den Datenschutzbehörden
von Großbritannien, Frankreich, Österreich, Italien und Griechenland
Beschwerde gegen die Sammelwut von Clearview eingereicht. Diese
sei in der EU illegal und verstößt gegen die Datenschutz-Grundverordnung (DSGVO). *„Nur weil etwas online ist, ist es nicht automatisch
Freiwild, das sich andere auf beliebige Weise aneignen können – das
ist weder moralisch noch rechtlich zulässig“*, sagt Alan Dahi von
NOYB, eine für den Datenschutz wirkende Nichtregierungsorganisa-
tion mit Sitz in Wien. (Stand 5/2021).[88]

Amazon bietet ein eigenes Programm zur Gesichtserkennung an.
Rekognition, so der Name, wird zum Vorzugspreis an Sicherheitsbe-
hörden verkauft. Nach einer Schätzung - genaue Zahlen liegen nicht vor
- hat das Programm Zugriff auf die Bilder von 117 Millionen Amerika-
nern. Mit den Nutzungsrechten auf polizeiinterne Über-
wachungstechniken (Bodycams, Überwachungskameras) können individuelle Überwachungen durch-geführt und Bewegungsprofile erstellt
werden. Nach den Protesten gegen Polizeigewalt in der Folge des To-
des von George Floyd kündigte Amazon an, der Polizei die
Gesichtserkennungs-Dienstleistung für die Dauer eines Jahres nicht zur
Verfügung zu stellen.

8.20 Datensammler im Gesundheitsbereich

Der Gesundheitsbereich ist ein Eldorado für Datensammler. Prinzipiell
ist es gut, Gesundheitsdaten für Forschungszwecke zu generieren, so-
lange sie in die Hände von Ärzten und Wissenschaftlern gelangen. Doch
leider bleiben die Daten nicht in deren Händen, wie man unter anderem
von der Versicherungsgesellschaft AXA zu erfahren war. Auf kleingedruckten Seiten findet sich bei Abschluss einer Kranken- oder
Lebensversicherung der Hinweis, dass die Daten an interessierte Dritte
weitergegeben werden, beispielsweise Inkassounternehmen, Adresser-
mittler, Marketingagenturen, Gutachter und andere mehr.

Von der kostenlosen Gesundheitsapp „Ada", die eine Art Selbstdiagnose per Smartphone ermöglicht, wurde 2019 bekannt, dass die vom Nutzer eingegebenen Informationen u.a. an Facebook weitergegeben wurden. Die Techniker-Krankenkasse stellte daraufhin ihre Kooperation mit dieser App ein.

Das Unternehmen World Privacy Forum verkauft Daten von AIDS-Infizierten, von Kranken und Impulskäufern. Solche Daten haben eine hohe Überlebensdauer, denn auch die Kinder der Betroffenen werden an die Daten ihrer Eltern angekoppelt. *„Die Art und Weise, wie die Gesundheitsindustrie Medizindaten erhebt, nutzt und mit ihnen handelt, ist schlimmer als die Totalspionage der NSA, und kaum jemand weiß darüber Bescheid"*, schreibt die Gründerin der Datenschutzorganisation „Patient Privacy Rights".[89]

9.0 Gaia-X, die GAFAM-Abwehrwaffe

Die Digitalisierung nimmt immer mehr Tempo auf und generiert fast im Tagestakt neue Trends. Um den Anschluss nicht zu verlieren und Wettbewerbsnachteile zu vermeiden setzen Unternehmen und Organisationen zunehmend auf cloudbasierte Lösungen. Dabei haben sie oftmals ein ungutes Gefühl, kommen doch die großen Cloud-Anbieter aus den USA. Es handelt sich um die sogenannten Hyperscaler , so Amazon Web Services, Microsoft Azure und die Google Cloud Plattform. Amazon ist mit 40 Prozent Marktanteil und 90 speziellen Angeboten weltweiter Marktführer in diesem Bereich. Die Welt, mithin Deutschland und Europa, verfügen über keine eigene global wettbewerbsfähige Dateninfrastruktur und sind abhängig von den drei großen US-Cloudbetreibern.

Nach Plänen der Bundesregierung soll ein europäischer Hyperscaler namens „Gaia-X" den außereuropäischen Anbietern Paroli bieten. Die 2019 formulierte Idee wurde 2020 aus der Taufe gehoben und nahm ab 2021 Form an. Es soll die nächste Generation einer vertrauenswürdigen Dateninfrastruktur geschaffen werden. Ziel ist es, eine sichere und vernetzte Dateninfrastruktur zu schaffen, die höchsten Ansprüchen an digitaler Souveränität genügt und innovationsauslösende Wirkungen entfaltet. In einem offenen und transparenten digitalen Ökosystem sollen Anbieter verschiedene Services und Systeme in Form von Komponenten einbinden können. Diese Daten und Dienste sollen auf Basis europäischer Werte verfügbar, in einem Repository (Speicher) zusammengeführt und gleichberechtigt geteilt werden. Die Komponenten sind durch Knoten miteinander vernetzt, alle Schnittstellen, Services und Produkte durch Standards harmonisiert. Anbieter sind identifizierbar und ihre Angebote kombinierbar.

Gaia-X existiert als Non-Profit-Organisation mit Sitz in Brüssel. Über 350 Unternehmen, Forschungseinrichtungen und Organisationen sind der Initiative beigetreten (2021), darunter Unternehmen aus China und den USA, so Google, Microsoft, Palantir, Huawei und Alibaba. Bei 92 Prozent der Mitglieder handelt es sich um europäische Mitwirkende.

Zu den deutschen Gründungsmitgliedern gehören unter anderem BMW, Robert Bosch, Telekom, SAP, Siemens und die Frauenhofer-Gesellschaft.

Verwundert nahm die interessierte Öffentlichkeit zur Kenntnis, dass auch die CIA/NSA-nahe Palantir Inc. vom ersten Tag an zu den Mitgliedern von Gaia-X gehört. Das Unternehmen gilt als „Schlüsselfirma der US-Überwachungsindustrie", die Big Data für den digitalen Big Brother liefere (Heise). Wie sich das mit den proklamierten europäischen Werten verträgt wurde bisher nicht kommuniziert. Auch weiß man nicht, ob Palantir das geplante „Gaia-X-Vertrauenssiegel tragen wird. Wir wissen aber, dass die US-Mitgliedsunternehmen durch ein Gesetz namens Cloud-Act (Clarifying Lawful Overseas Use of Data Act) gezwungen sind, Kundendaten an US-Behörden weiterzugeben – auch wenn die Daten wie im Fall Gaia-X in Europa gespeichert sind. Eigentlich wollte man mit Gaia-X die Abhängigkeit von amerikanischen und chinesischen Anbietern reduzieren, aber für Google & Co wird der rote Teppich in die europäischen Datenspeicher hinein ausgerollt. Im November 2021 schrieb das ManagerMagazin, dass das Projekt zu scheitern drohe. *„Es zerfällt in Kleinprojekte".*

Literaturverzeichnis

1 https://www.eurocommpr.at/assets/uploads/01_DE_Presentation_Vienna_Katzmair.pdf
2 https://digitalcourage.de/blog/2020/macht-der-digitalkonzerne
3 https://www.spiegel.de/wirtschaft/apple-mitgruender-steve-wozniak-spaeter-zaehlt-nur-noch-der-profit-a-00000000-0002-0001-0000-000157769185
4 https://www.spiegel.de/wirtschaft/unternehmen/amazon-fehlt-bei-eu-parlamentsanhoerung-kritik-von-europaabgeordnetem-a-948bd801-16cd-4082-b101-fb107e07aa23
5 https://www.sueddeutsche.de/wirtschaft/waehrung-facebook-verliert-wichtige-partner-fuer-libra-projekt-dpa.urn-newsml-dpa-com-20090101-191012-99-265595
6 Gerum, Elmar, Das deutsche Corporate Governance-system. Eine empirische Untersuchung. Stuttgar. 2007, S. 415
7 Zuboff, Shosana, S. Das Zeitalter des Überwachungskapitalismus, Frankfurt/M, 2018, S. 153
8 Ebenda
9 Lobe, Adrian, Die Zeit, 3.11.2016
10 https://www.dbresearch.de/PROD/RPS_DE-PROD/PROD0000000000499444/Digitalpolitik%3A_KI%2C_Big_Data_und_die_Zukunft_der_D.pdf?undefined&realloa d=MJ8kXOIcW~LqIh7xsV96aoZIm7nsgqoJ/9CREKMp3/aMPnOwO-HuxtHO1wa7vxx9s
11 Lobe, Adrian, Die Zeit, 3.11.2016
12 https://www.heise.de/newsticker/meldung/Axel-Springer-Chef-Vergesst-Big-Brother-Google-ist-besser-2171567.html
13 Wolfangel, Eva, Künstliche Intelligenz. Auf der falschen Spur. Süddeutsche Zeitung, 6.4.2018
14 Zuboff, Shoshana: Das Zeitalter des Überwachungskapitalismus, Frankfurt/New York 2018, S. 119
15 Zuboff, Shoshana, a.a.O., S. 589
16 https://www.spiegel.de/wissenschaft/informatiker-iyad-rahwan-ueber-algorithmen-und-politik-a-00000000-0002-0001-0000-000164407549
17https://www.handelsblatt.com/technik/digitale-revolution/digitale-revolution-googles-milliardenwetten-auf-ki-vier-beispiele-aus-den-laboren/26677390.html?ticket=ST-1649679-nvfjefofHKjrnoiZNT96-cas01.example.org

18 https://www.welt.de/print/die_welt/wirtschaft/article123726334/Die-Welt-ist-Google.html
19 https://de.wikipedia.org/wiki/X_(Unternehmen)
20 Steingarts Morning Brief, 21.8.2020
21 https://www.pharmazeutische-zeitung.de/google-firma-sagt-proteinstrukturen-voraus-127092/seite/alle/
22 https://www.wiwo.de/my/technologie/forschung/alphafold-2-was-im-labor-jahre-gedauert-hat-wird-jetzt-in-minuten-verfuegbar/27460536.html?ticket=ST-1967132-U93GMATzgryre0qJxvQj-cas01.example.org
23 https://aws.amazon.com/de/about-aws/global-infrastructure/
24 https://wikileaks.org/amazon-atlas/document/AmazonAtlas_v1/page-2/#pagination.
25 https://www.tagesschau.de/wirtschaft/eu-kartellklage-gegen-amazon-101.html
26 (https://www.deutschlandfunkkultur.de/us-konzern-amazon-die-macht-des-handelsriesen.979.de.html?dram:article_id=489669).
27 https://www.zdnet.de/press-release/amazon-wird-groesster-abnehmer-erneuerbarer-energien-in-den-usa/
28 Vgl. https://www.mitp.de/IT-WEB/Programmierung/Alexa-Skills-programmieren-fuer-Amazon-Echo-Co.html
29 Scott Galloway: Theo Four, Die geheime DANA von Amazon, Apple, Facebook und Google, Kulmbach 2017, E-Book Pos. 71
30 Scott Galloway: Theo Four, Die geheime DANA von Amazon, Apple, Facebook und Google, Kulmbach 2017, E-Book Pos. 86
31 https://www.spiegel.de/wissenschaft/informatiker-iyad-rahwan-ueber-algorithmen-und-politik-a-00000000-0002-0001-0000-000164407549
32 https://www.businessinsider.de/wirtschaft/handel/mit-diesen-techniken-ueberwacht-amazon-seine-angestellten-a/ 07. April 2021
33 https://www.deutschlandfunkkultur.de/us-konzern-amazon-die-macht-des-handelsriesen.979.de.html?dram:article_id=489669
34 https://www.unionize.de/++co++492534ec-ff1b-11ea-9029-001a4a160123
35 ebenda
36 https://www.businessinsider.de/wirtschaft/handel/mit-diesen-techniken-ueberwacht-amazon-seine-angestellten-a/
37 https://www.bestbrands.de/de.html
38 https://www.deutschlandfunk.de/10-jahre-facebook-kommunikationsplattform-und-datenkrake.724.de.html?dram:article_id=276612
39https://www.deutschlandfunk.de/10-jahre-facebook-kommunikationsplattform-und-datenkrake.724.de.html?dram:article_id=276612
40 Nemitz, Paul und Pfeffer, Matthias: Pinzip Mensch. Macht, Freiheit und Demokratie im Zeitalter der Künstlichen Intelligenz, Bonn 2020, S. 77
41 https://www.spiegel.de/wissenschaft/informatiker-iyad-rahwan-ueber-algorithmen-und-politik-a-00000000-0002-0001-0000-000164407549
42 https://newsbeezer.com/germany/online-panne-mit-e-mail-adressen-amazon-veroffentlicht-benutzerdaten/

43 Zuboff, Shoshana, a.a.O. S. 314

44 Zuboff, Shoshana, a.a.O. S. 188

45 Zuboff, Shoshana, a.a.O. S. 513

46 https://www.wiwo.de/soziale-netzwerke-facebook-whistleblowerin-die-welt-braucht-einblick-in-algorithmen/27680496.html

47 https://www.sueddeutsche.de/wirtschaft/facebook-instagram-whistleblowerin-frances-haugen-1.5429512

48 https://www.sueddeutsche.de/kultur/metaverse-netzkolumne-facebook-1.5369797

49 https://www.pcwelt.de/ratgeber/Mark-Zuckerberg-Facebook-wird-schon-sehr-bald-eine-Metaverse-Company-11069223.html

50 https://medienrot.de/facebook-heisst-jetzt-meta/

51 https://www.nzz.ch/technologie/so-stellt-sich-facebook-die-zukunft-der-bedienung-von-ar-brillen-vor-ld.1607302

52 https://www.wiwo.de/unternehmen/it/apple-gruender-steve-wozniak-steve-jobs-verkoerperte-die-marke/7740680-3.html7

53 https://taz.de/Kritischer-Nachruf-auf-Steve-Jobs/!5110423/

54 https://dewiki.de/Lexikon/Bill_Gates

55 https://news.microsoft.com/de-de/microsoft-ist-deutschlands-bester-arbeitgeber-2015/

56 SPIEGEL, 20.10.2016

57 https://www.spiegel.de/wirtschaft/mitten-in-der-zeitenwende-a-132e3d94-0002-0001-0000-000147350623

58 Alles beginnt mit Idealismus, später zählt nur noch der Profit. Der Spiegel, 8.6.2018

59 https://www.spiegel.de/wirtschaft/es-gibt-eine-unertraegliche-sehnsucht-in-vielen-von-uns-a-00000000-0002-0001-0000-000159674316

60 Zuboff, Shosana, a.a.O., S. 231

61 Zuboff, Shosana, a.a.O., S. 162

62 https://www.golem.de/news/microsoft-chefjurist-1984-koennte-2024-wirklichkeit-werden-2105-156829.html

63 Nemitz, Paul und Pfeffer Matthias: Prinzip Mensch. Macht, Freiheit und Demokratie im Zeitalter der Künstlichen Intelligenz, Bonn 2020, S. 58

64 https://www.heise.de/news/Gaia-X-Big-Data-Firma-Palantir-aus-den-USA-ist-bei-EU-Cloud-vorn-mit-dabei-4995921.html

65 Ebenda, S. 60

66 https://www.rnd.de/digital/was-ist-palantir-das-verbirgt-sich-hinter-dem-umstrittenen-software-unternehmen-aus-silicon-valley-

67 https://www.spiegel.de/ausland/palantir-wie-sich-eine-unheimliche-us-firma-in-europa-breitmacht-a-41bea3d3-0002-0001-0000-000176983007

68 Ebenda125

69 https://www.tagesschau.de/investigativ/ndr-wdr/schufa-111.html

70 https://www.zeit.de/digital/datenschutz/2015-09/gchq-karma-police-internet-ueberwachung

71 Hier zitiert nach Simon, Walter. Künstliche Intelligenz, Das Wichtigste, was Du wissen musst., Norderstedt 2021

72 Ebenda

73 https://de.wikiquote.org/wiki/Eric_Schmidt

74 Zuboff, Shosana. a.a.O., S. 487

75 Zuboff, Shosana. a.a.O., S. 488

76 https://de.wikibrief.org/wiki/Reality_miningiewv

77 Hurtz, Simone. Warum automatisierte Gesichtserkennung so gefährlich ist. Süddeutsche Zeitung, 20.1.2020.

78 zitiert nach Morgenroth, Markus: Sie kennen Dich! Sie haben Dich! Sie steuern Dich! München 2016, S. 129

79 Ebenda, S. 100

80 https://www.spiegel.de/netzwelt/web/kameraueberwachung-wird-zur-verhaltens-kontrolle-a-1135744.html

81 Vgl. Wolfangel, Eva. Künstliche INtelligenz. Auf der falschen Spur. Süddeutsche Zeitung, 6.4.2018

82 https://www.heise.de/news/Angriff-auf-die-Anonymitaet-Polnische- Gesichtssuchmaschine-PimEyes-in-der-Kritik-4840756.html. heise, 2020

83 Vgl. Patalong, Frank. Zeig mir ein Foto und ich sag Dir, ob Du schwul bist. Spiegel-online, 10.9.2017

84 https://www.sueddeutsche.de/digital/clearview-datenschutz-gesichtserkennung-dsgvo-1.4766724

85 https://www.heise.de/newsticker/meldung/Gesichtserkennung-hat-ungeahnte-Folgen-4342307.html

86 https://www.heise.de/newsticker/meldung/Gesichtserkennung-hat-ungeahnte-Folgen-4342307.html

87 https://www.sueddeutsche.de/digital/clearview-datenschutz-gesichtserkennung-dsgvo-1.4766724

88 https://www.spiegel.de/netzwelt/web/clearview-ai-buergerrechtler-reichen-beschwerden-ein-a-1cc7c053-d2dc-4ab3-bd83-f871fe9b22b9?sara_ecid=soci_upd_KsBF0AFjflf0DZCxpPYDCQgO1dEMph

89 zitiert nach Morgenroth, Markus: Sie kennen Dich! Sie haben Dich! Sie steuern Dich! München 2016, S. 94